早稲田大学教授
漢字・日本語学者
笹原宏之

氏名の史実・現実

―世界と日本の名前のはなし―

発行 恒春閣

初めに

人は皆、名前をもっています。日本の人であれば、その名前には名字（姓、氏）と下の名前があります。そして、たいていの人は名前の話が好きです。私の名字は、どこそこに多い。私の下の名前は、こういう漢字を書く。そんなふうに話題が尽きません。

ただ、それらの詳しい歴史や現在の全体像となると、分かりそうで誰も分かっていないというのが紛れもない実情なのです。

姓名については、世の中でとても関心が高く、面白い話がたくさん聞かれます。こんな珍しい名字や名前がある。そういう話もまた噂としてかなり出回っています。しかし、実際にどこかにいるのか、かつていたのか、あるいは作り話なのかさえも分からない。そういうこともよくあります。一つ一つについてよく文献を使ったり当事者に確かめたりして調べてみると、単なる間違いや根拠のない風説が混ざっていることがよくあります。話を面白くするために尾鰭も付きやすいようです。

筆者は、日本語と東アジアの文字、特に漢字が専門ですが、姓や名についても情報を集めて分析を続けています。そこでこの本では、名字と名前について、事実だと確かに分かっていること、また詳しく調べていったところ、ここまでは分かった、ということを中心に紹介していきたいと思います。

ご先祖さまがどういう意図で自身の名字を考え出したのか。そして親御さんなどの名付け親の方がどういう思いで子に名を付けたのか。そうした疑問に対する答えやヒントとなりそうな個々の実例も、たくさん詰め込んでいきたいと思います。

今どきの名前は読めない。よくそう聞きますが、その意見はどこまで正しいのでしょうか。戸籍に読み仮名が振られる制度の実施を目前にして、そうした事柄についても、これから一ページごとに一緒に考えていければと思います。

◆目　次◆

目　次

第一章　日本の姓と名の漢字

第一節　日本の姓名と漢字

日本では、三世紀の卑弥呼の時代よりも前から、人々は漢字は書けなくとも名を名乗っていた。漢字文化が次第に浸透する中で、ヤマト王権では為政者たちの間で同族集団が氏《うじ》を名乗り、天皇は彼らに姓《かばね》を授けるようになる。

平安時代になると、各地で所領の地名を名字に転用するようになり、武家から非公式ながら農民までが名字を名乗るようになっていく。名も、幼い頃には幼名を用い、元服を迎えると改名するようになるなど、多くは一人で複数の名をもつものとなった。下の名前の本名は、目下の者は呼んではならないなどといった習俗もあった。

日本の姓名は、このような長くて、そしてもっと複雑で魅力に満ちた変遷を経ている。

これまでに、筆者は人名の漢字に関わる国の仕事としては、文部科学省文化庁の文化審議会国語分科会において副主査、委員だったので改定「常用漢字表」への「曽」「蹴」などの字の追加や、「吉・𠮷」などの字形はデザインのレベルの差であるとする方針の明示などに関わってきた。

法務省では、法制審議会人名用漢字部会において幹事として「人名用漢字表」への「苺」「雫」、「蘆」ではなく「芦」、「凜」とは異体字の「凛」の追加などに関わった。また、氏名の読み仮名に関する部会でも委員を務め、「戸籍統一文字」についても、委員として改訂作業に従事しているところである。

経済産業省では、委員として「ＪＩＳ漢字」に「﨑」といった異体字や「彅《なぎ》」「斗《とと》」のような国字の追加にも関与した。そこでは一般の漢字を対象とした漢字政策などにのっとり、「髙」は「高」に包摂して区点番号を区別せず、また「𠮷・吉」はデザインの差とされた。

また、国の「文字情報基盤整備事業」では委員として、「戸籍統一文字」「住民基本台帳統一文字」などに対する整理・検証に関与した。今はデジタル庁で、「行政事務標準文字」の策定に関わっている。

このような政策への関与と並行して、種々の情報を収集し、調査研究を実施している。姓（氏、名字。苗字は江戸時代に生じた当て字）に関しては、国民的な関心が高く、ＮＨＫの番組でも監修を担当していた。

調査研究に加えて、そうした中で考えた氏名に関する漢字の現実の状況と様々な問題点について、ここに記していく。

第二節　多い氏、画数の多い氏、長い氏名など

まずは、人口の多い姓から紹介しよう。政府の統計がまだないので、生命保険会社（以下・生保）や趣味として名字に深い関心を持つ個人などによる、民間でのサンプリング的な調査に基づくしかないが、現在ではどの調査でも、「佐藤」「鈴木」が一位・二位となっている。ただし、多いと言ってもどちらも日本全体で一〇〇人に二人もいない。

その代わりに姓の種類はざっと二〇万種にのぼるようで、こういうところにまで日本文化の多様性が現れている。ちなみに、同じ漢字圏である中国では現在、少数民族を含めて姓は一万種に達せず、韓国に至っては数百種しかない。大姓ベスト3は上表のようになっている（ベトナムは現在はローマ字表記が普通。）。

中国では種類が少ない中に珍しい姓も見られ、たとえば「死」という姓も実在する。中国・韓国などは国家がこうした現状を公開している。台湾の「全國姓名統計分析」は特に詳細にわたって毎年公表されている。

	中国	韓国	ベトナム	日本
一位	王	金	阮	佐藤
二位	李	李	陳	鈴木
三位	張	朴	黎	高橋

日本の姓の多様性には、地域による差があることも指摘できる。埼玉県では「新井」が最多だと、かつて佐久間英氏は教員名簿や電話帳から割り出した。今ではベッドタウン化して、県北部を除いて順位を下げている。

以前、日本一多い名字は「黒木」だろうと言う学生がいた。その人の出身の宮崎県では確かに多いので、そういう意識が形成されたのである。こうした地域性は読み方にも見られ、「東海林」は秋田ではショウジ（荘園の司を務めたためとされる）であるが、山を越えて山形に入るとそのまま音読みしてトウカイリンとなる。氏名の本体は漢字か発音か、と考えさせられる。

漢字一字でも、読みに地域差が見出せる。「藤」は西では「藤原」「藤田」「藤本」など、東では「佐藤」「斎藤」「加藤」など、一字目で訓読みと二字目で音読みという傾向がそれぞれに顕著である。「谷」は西では「たに」、東では方言で「や」という読みが根強く見られる。また、西の谷の地形は東ではしばしば「～沢」となる。そうなると「藤谷」さんは「ふじたに」さんで西の方《かた》、「谷沢」さんは「やざわ」さんで東の方《かた》かな、と名刺交換の後に会話が進むことがある。

「さかもと」さんは全国に広く分布しているが、東日本では「坂本」が多く、近畿に入ると「阪本」（大阪の影響。笹原『方言漢字』参照）が逆転し、九州南部、沖縄に行くと「坂元」が目立つようになる。土佐の坂本龍馬も、薩摩では「坂元龍馬」と記録されたほどである。

人口が少なかったり、有名でなかったり、意味が珍しかったりする姓は、メディアでも興味を集めやすいものである。「金持《かねもち》」さんはテレビ番組によく呼ばれていた。これも実話であるが、「入口」さんという女性が姓らしくないので嫌だと話していたところ、結婚して「出口」さんになったケースもある。なお、夫婦同姓は明治以降に制度化されたもので、議論が続いている。

あまりに珍奇であると家庭裁判所で認められれば氏や名を改めることができる。「髭」さんが、氏が嫌だと言って「鼻毛」に変えた事例について、テレビでお孫さんが紹介していた。裁判官の方が担当した事案を列挙した雑誌などの記事には、鹿児島の「素麺」が改氏できたこと、さらに「豆腐」の改氏が認められなかったことが記されていた。豆腐は富山県の新湊周辺では珍しくないためだったようで、受忍できる範囲とされていた。ただし他の地域では改氏が認められたケースが見つかっており、地域性も左右することが分かる。

漢字は一般的でも、読み方に多数の選択肢があるのが日本の特徴で、それにより難読となる名もある。以前、通達で「高」と書いて「ひくし」と読ませるような届け出は受理しないとあった（すでに失効）。ただ、漢字には古来「反訓」と呼ばれるものもあり、「無（ユウ＝有）」「乱（おさめる）」などの例もある。また「刀」で「ふね」は受理するとのことだったが、これも漢和辞典に載っている漢籍での読みだった。

簡単な字でも、読み間違えは避けられない。「幸子」はサチコ、ユキコと分かれていたが、近頃は「優香」「玲奈」が一字めを伸ばすのか伸ばさないのか、その人ごとに決められている。こうした命名での自由度の高さは日本の大きな特徴である。先に挙げた「死」は、実は日本でも名に見られる。「不死男」の類は戦前から付けられてきた。

さまざまな名付け親の思い入れによって字に願いが反映されるわけである。中国では、古来、五行つまり「木火土金水」を部首にした字を名に選ぶ風習があり、その背景には、親が火偏の字を用いた名ならば子は五行思想に沿って土偏とし、一族が順調に繁栄していってほしいという思想がある。韓国では今でもよく「根」「煥」「熙」「垠」「洙」「鎬」などの字が用いられているように（現地ではハングル表記が一般的であるが）、それがより強く慣習化した。儒教の考え方では、そもそも親の名の漢字は日常生活で使ってはいけないのである。

一方、日本では親の一文字を受け継ぐという独自の命名習慣が生まれた。日本では、皇室も「仁」を平安時代から受け継いでいる。

台湾ではときどき「甦《スー》」が名に使われるが、新しい命というイメージによるものだそうだ。韓国では「犯《ポム》」が名に見られるが、クリスチャンで原罪を背負っているためとのことで、こうした点からも漢字の運用が地域ごとにさまざまであることがうかがえる。日本製漢字（国字）の「躾《しつけ》」をミと読んで名に用いている韓国人女子学生もいた。

長い氏には、現在、勘解由小路《かでのこうじ》と左衛門三郎《さえもんざぶろう》があることが知られている。幕末には、「上沼田下沼田沼田　又一又右衛門」という侍が福井にいたと戦前の本に出ていた。これを検証してみたところ、もっと短い氏名の一族が代々氏名を少しずつ変えたことによって生じた誤伝であることが判明した（一三六頁参照）。

下の名では、本名で漢字十字の方がテレビに出ていた。ある雑誌に、たしか三十字ほども連ねられた届け出があったため、役所の人が説得を繰り返して短くしてもらったとの記事があった。戦前には五十字近い名で「いろはにほへと…もせす」と書く「いす」さんがいたといった記録もあり、さまざまな珍姓名を収集している検事さんもいた。

長い氏は画数も多くなるが、より字数の少ないものでは「雲類鷲《うるわし》」「躑躅森《つつじ》」あたりが五十画前後もあって最多のようである。戦後に、「雲雲雲龍龍龍」という八十四画の字で「たいと・だいと・おとど」と読む氏があるという記録と伝聞が現れるが、いかなるデータで検証しても見つからないので、少なくとも戸籍上の氏ではない幽霊名字のようである（二一一頁参照）。しかし、インターネットなどを通じて知る人が増えて、今や複数の店名、さらに日本酒の銘柄になったので、登記簿にも現れる可能性がある。

下の名では、明治初期に「龍龍龍龍一」（てついち）がいた。早稲田大学の文学部を創った小野梓の幼名である。ただし当時の記録では、六四画のその字ではなく「龍龍龍」として下の部分を繰り返し記号二つ「〻〻」とする形でも書かれている。

第三節　国字・造字

戸籍には、戦前から略字と記号の使用が禁じられてきた。俗字は習慣性に焦点が当たっている一方、筆画を減らす略字の指す意味にはやや曖昧さがあり、当時の国定教科書で教える漢字にもすでに略字が混ざっていて、届出者も戸籍係も、略字や時には筆画が明瞭とはいえない崩し字を用いることがあった。

記号の類は、現在、二字目以降で「々」「ー」などが認められるだけであるが、識字率が高くなかった時代という理由だけではなかったようだが、「、」でチョン、しるすなどと読ませる類もあったそうである（漢字だとするとチュと読み、灯火などの意）。実在したか分からないが、「△□子《みよこ》」の類には識別性はあっても遊戯性さえ感じられる。また「女〇《めれい》」と届け出た親はこの「〇」は文字だと考え、そのことを巡って裁判で国と争ったが敗訴している。

名で「丨」で「すすむ」などと読ませる人はけっこういたが、中には漢代の字書『説文解字』の記述に従って下から上へと書くと主張する人もいたそうである。これは漢字であるが、「丨一」で「たていち」と読ませる方《かた》が、横書きの場合には「一一」と書くと述べたという話も聞いた。アラビア数字か長音符のような変化である。戸籍が横書きに変わった時に、どうなったのだろう。

一方、「国字」は正字、俗字とともに戸籍に使い続けてよいとされている。ここでは日本製の漢字のことを指しているが、個人の氏や名のためにあえて作り出されたものも一般的には誤字とは言えず、国字と認められる可能性がある。

国字は、漢和辞典に収め切れておらず、全体像を誰も把握できない。私もそれを専門として研究しているが、過去に個々人が作ったものは戸籍上にもまだたくさんあるようで、調査を進めている。

氏では「五月女」を「腰」を土台として合字にした「腰坂」（さおとめざか・そうとめざか）が埼玉などに何件か見られる。芸能人で有名となった「草彅」は、祖先が秋田の十和田辺りで平安期に草を薙いで道案内をしたという故事から江戸期に「彅」という字が生み出されて氏に用いられた、地域性を帯びた国字である。

下の名では、出生児に胎盤が付いている場合に縁起を担いで「畩《けさ》」（袈裟の意）という字を付けることが江戸時代から薩摩で行われ、鹿児島県、宮崎県など九州南部で命名習慣となっていた。戦後、全連（全国連合戸籍事務協議会）に人名用漢字に追加するよう要望が示されたほどである。「褜《えな》」も同様の意味で名付けに使われた字で、九州や東北で使われる地域文字（方言漢字）といえる国字で、これも氏や地名にも見られる（笹原『方言漢字』『方言漢字事典』参照）。

なお、漢字の読みにも地域性はあって、たとえば「五十嵐」という氏を新潟の人が「えがらし（えからし）」と読んだり、「匡」という名を東北出身の人が「ただし」か「ただす」か自分でもはっきりしなかったりするようなケースがあった。

名には金偏の字を作って付ける風習が特に愛知県で顕著だったことが知られてお

り、戦後にも使いたいとの要望が見られる。このあたりは、実は、漢籍読解を主目的とする漢和辞典の最も不得手とする分野なのである。

第四節　異体字

戸籍には「戸籍法施行規則」で、字画が明らかな文字で記載しなければならないことになっている。今では「改製不適合」のいわゆる事故簿を除き電算化されたものが正本とされている。略字は上述の通り禁じられてきたはずであるが、実際には略字などの範囲が曖昧だったこともあって異体字の一種としてかなり書き込まれていた。異体字とは、字体が「正字」と（互いに）異なる字を指す。役場によっては『康熙字典』（実は版によって、またページによって同じ字の字体が違っていることがある）や漢和辞典にない異体字であっても、外字を作って登録するところもあった。かつては使用できた変体仮名なども同様に登録された。

姓に多い「崎」の異体字「﨑」は明治初期には書写体（漢和辞典では「俗字」とするものが多い）として一般的だったために戸籍で多用され、現在でも過半数を占めると見られる。

「吉」と「𠮷」は、読み方が「きち」だから、「よし」だからと使い分ける人がいたり、祖先が武士だから、農民だからと書き分ける人が現れたりしたが、もともとそのような区別はない字である。しかし、両方を並べて「よしきち」や「きちよし」と読ませる氏もあるようなので、戸籍行政においては固有名詞における字体の差として認めざるを得ないのかもしれない。

異体字には、一つの字から字体（デザインレベルではない字の骨組み）が変化したものがある。その中には、

旗→簱→籏

のように、時代とともに変形し、それに対する新たな成り立ちや構成についての解釈が加わってさらに変形したと考えられるものがある。「つる」にも

鶴→鶴→鸖→鸖→靏

のほかに、さらにそれらの中間形が戸籍上に多数存在している。

異体字の中には、「凡」にしては横幅が広く、「凬」の異体字とみられるものもある。このように横幅まで骨組みの差となって有意な特徴となるケースがあるので、文字の異体字関係などを同定する際には、その字ごとに書かれた時代、字の並びや読み方まで考えたうえでの判断が求められる。

法務省令による人名用漢字では、二〇〇四年の追加から文化庁の考え方に沿って、いわゆる康熙字典体が積極的に採用されるようになった。「戸籍法」のいう「常用平易」性の平易性という点からは課題が残るかもしれず、そうした中でも、「蘆」ではなく「芦」という略字だけが人名用漢字に追加されたのは、世の中の使用傾向を反映してのことである。

二〇一〇年に「常用漢字表」に追加された「遡」「謎」などの「辶」は、点が二つのものであったが、手書きでは一点の形も認めている。戸籍行政でも一点で書く字体を容認しているそうだが、そもそも『康熙字典』の清朝勅撰「四庫全書」では、手書きで一点にしたり二点にしたりしているので、気にする必要のないことだった。

字体が事件を招いたことがあった。ある名が女性的に感じられ、その字も一般的でない異体字で登録されたとして父親を恨んで危害を加えたとの報道があった。命名への思いを裁判を通じて知って改悛の情を抱いたとのことであるが、こういう悲劇は繰り返してはならない。

字体への思い入れが、字体を変えるきっかけにもなるようである。縁起担ぎはその一つで、氏の「荒」の「亡」を縁起が悪いと言う祖母のまねをして、「育」の上部の形「厷」で書くという学生がいた。また画数占いの結果を気にして、「恵」や「博」といった字に加点をしたり、逆に減画をしたりする人たちもいる。ただ、姓名判断と呼ばれる占いは、後述の通り思いのほか歴史の浅いものなのである。

氏では、「齋」と「齊」にはそれぞれ異体字が多数見られる。しかし、転記ミスによる字体も少なからずあることが、実際の過去からの戸籍で分かる。

手書きの揺れ　↓　手書きの通りに写そうとする　↓　和文タイプ化　↓

活字の通りに電算化しようとする（俗字・国字はそのまま残す方針から）

このような過程で、字体が変化してしまうことも実はあったのである。

「斎藤」には本家と分家による字体の区別もあったとされる。姓の研究家の丹羽基二氏によれば、こう書いて「なかじま」と読む姓があったそうである。なお、「邊」は異体字がさらに多くあり、戸籍上では二〇〇種を超えているようである。

第五節　誤った届け・受理・処理

江戸時代には、庶民は姓（苗字）を持つことが許されなかったが、秘かに姓を名乗る者はたくさんいた。明治時代になると、徴税と徴兵などの管理のために国民全

妛

員が姓をもつように強制されるようになる。反発した僧侶は「禿」と付けたり、お経から漢字を選んだりして特徴的な氏を生み出した。そうして明治初期に各地の役場で一斉に登録された姓には、戸籍に記載する際に字を書き誤ってしまったという伝承が多数残されている。

かつて毛筆で記載された戸籍には、墨が筆から落ちたとみられる「亽」のような字さえあった。日本は狭いようで広く、地名では、ネズミが文書をかじったためにできてしまったものまであると言われている。それは滋賀県の「小田」（やないだ）で、「梁田」と書かれた紙の上部をネズミがかじったために、残った「小」をそのまま使っているとのことである。

下の名前では、「ア一」がカタカナの「ヱ」になってしまった人も比較的よく知られている。地名では、作字のミスから新しい字がＪＩＳ漢字に採用されてしまう事態まで起きた。「山女」（あけび）の合字の「𡚴」は、作字の際に切り貼りした部分が影のように写り込んで「妛」という形に変わって第２水準に採用されたのである（笹原『日本の漢字』）。文書が縦書きだったころのことである。

「髙」「榮」のような字体を、下の名前に使えないことになった戦後の時期なのに、戸籍に登録したという人が見受けられる。改名に関する判例の中には、「杏子」

と届けて受理されたにもかかわらず、役場で認めてはならない字（当時）であることに気付いて、上部の縦線を消してしまって「否子」で戸籍に登録された人が、「杏子」に変えることを認めたケースもある。

地域性の高い国字（方言漢字）を用いた氏を「誤字」として扱う自治体もあったようで、国字に関する情報が、十分に辞書に載っていないためにあまり行き渡っていない現状が伺える。

第六節　潜在的な要求

若年層に付けたい名前を尋ねると、さまざまな希望が出てくる。大抵が漢字表記をもっているのであるが、「焔」「璟」「謳」「棗《なつめ》」「檸」「檬」「薔」「薇」のような法務省令で認めていない字を付けたいという声がある。漢籍を出典とする難字や、「斌」で文武両道を求めるといった古来のものではなく、字面の雰囲気や特定の熟語、そして漫画やアニメ、ゲームや小説などの登場人物の名にあやかるものが増えてきているのである。

二〇〇四年の法制審議会人名用漢字部会には、「杢」という字を使いたいという声が届けられた。「漢字出現頻度数調査」によると基準に達しないということで、江戸時代以来庶民の名として人気があってペンネームにも用いられた字だったが、採用に至らなかった。これはその後に編纂された漢字出現頻度数調査(3)（平成一九年三月）であれば、順位を大きく上げた字である。

字種ではなく字体レベルでも、「学」より「學」のほうがかっこいい、祖先にあやかれるといった意識が表明されることがある。この「學」のように新生児への使用が認められていない字体も残されている。「祐」「實」などは使える旧字体（いわゆる康熙字典体つまり清朝勅撰の漢字字典が正しいと認めた類の字体）であるが、メールでは思わぬ絵文字に変わってしまうなど、文字化けを起こしてしまうものもある。

若年層の名には「寿」や「恵」に「丶」が付いている字体が見受けられる。誤った受理など、個別の理由によるものなのだろう。逆に「博」に「丶」のないものも見られる。これらには、出生届での書き間違い、転記ミスのほかに、姓名判断という画数占いで一画分の調整が必要とされたために、あえてそう書いたというものもあるようだ。しかしこの占いは、実は中国ではなく日本で始まり、昭和に入ってから広まったものにすぎず、画数の数え方さえも流派によってまちまちになっているものなのである。

第七節　命名の傾向

子に付けられる名には流行や傾向がある。たとえば、「子」が付く名前は戦中に産まれた女子では八割を超えたようだが、今は一％程度にまで減っている。

以前、公益財団法人日本漢字能力検定協会とともに、数十万人の子供の名前を分析したところ、あまり知られていない事実が浮かび上がってきた。

「涼」という字は、涼しい時期ではなく、暑い盛りの真夏にこそたくさんの子の名に選ばれていた。名付けで使われる漢字にも季節変動があるのである。「聖」という字はクリスマス（イブ）のある一二月に産まれた子に最も使われている。こういう師走に命名のピークを迎える年末生まれの子の名を外して、「今年多かった名前」の類が限られたサンプルから毎年いくつもメディアで発表されているわけである。

「徳」を「なる」「のり」と読ませるような下の名に特有の訓読みを名乗り訓と呼ぶ。音読みも「絢」をケンでなく旁からジュンと読ませるものが定着しているほか、名の文字列の中で「愛」で「ア」、あるいは「イ」だけしか読まないという類も増えてきた。古来の万葉仮名や当て字にもある方法だっただけでなく、森鷗外も命名で「茉莉（マツリ）」を「マリ」と読ませているが、見慣れるまではやや読みにくさが感じられよう。

「月」は「ルナ」という読みが普通になってきた。中国語風の「ユエ」も本名に見受けられる。以前、大きく報道された「悪魔」という名について、学生たちの間では「デビル」と読ませたという噂が一部で流布しているが、これは誤伝である。しかし、人名には付きもののようで、「便所」という名字があるという学生がいたので、「御手洗」では？と確かめると、それだったとのことだった。「みたらい」と読み、神社で身を清める所を指した名字である。

近年、古来の命名習慣が変わってきている。「未歩」は漢文読みすればレ点を補って「未だ歩まず」となってしまうが、命名した親御さんの意図は「未来へ歩む」。「蹴人」も人を蹴るではなく、サッカーボールを蹴ってゴールにシュートを決める人だそうである。

あやかりの対象も、昔の人ではなくなってきた。「雫」は宮崎駿製作の映画（「耳をすませば」）を観た世代が親となり、その登場人物である月島雫のようになってほしいと付けだしたもののようだ。「腥」をセイと読ませて名に付けたいといった声が五つもの法務局に残されていたことに驚いた。パソコンやケータイで変換してこの字を見つけ、月と星でロマンチックな夜を連想して、そのまま出生届に記入するわけで、実際にその字を名に付けられそうになったという人に会った。辞典で意味を見ると、なまぐさい、豚の霜降り肉など名にふさわしくない意味しかない。「肉月」を知らない人が増えている。漢字は意味を持っているのであるが、表意文字ならぬ表イメージ文字に変わってきている世の趨勢を思い知らされた。

「曖」も曖昧のアイで、ほのかにしか見えない、ぼんやりという意味しかないのであるが、アイやホノカと読ませる名付けで、「日」と「愛」で「暖かそう」な良い字と人気を得て、一般的な文章での使用頻度もあくまでも曖昧としてであるが高いことから、人名用漢字に採用され、その後、二〇一〇年に常用漢字に「曖昧」を表記するために追加された。

「凜」が人名用漢字に入った後、俗字の「凛」を使いたいという声が高まる。「来凛（くるり）ムーン」と付けたいという例もあった。ケータイで出てくるバランスの良い字体だからということのようだった。ちょうどその当時、テレビドラマに凛《りん》ちゃんが出ており、その最終回に向けて影響が高まっていったことを、当時集計を担当していて思い知らされた。こうした瞬発的な流行は、他にも子供と一緒によく観られる戦隊もののテレビ番組に凌駕というヒーローが出ていたために、「駕」という字の要望にも確かめられた。

戸籍法で子の名に用いることができるとされる「常用平易な文字」は、具体的には二九九九字の漢字と、仮名（変体仮名を除く）と一部の記号とされているが、かつては「A子」のような本名も実在していることが報道された。登記ではローマ字が解禁されたが、名に「～Jr.」と付けたいといった声が高まるとどうなるだろう。

国際化が進む中、洋風な名前もまた目立ってきた。「詩絵留《しえる》」としか読めそうにない漢字で「そら」と読ませるのは、フランス語でシエルが空を意味するためだそうだ。名前のための熟字訓である。送り仮名の部分だけを読んでいるような名も現れている。

先の「月」はライトと読ませる名も次々と現れている。これは漫画の凶悪な主人公の名で、実在しないようにと作者があえて架空の名前にしたものだったそうだが、その意図から離れて、かっこいいからと命名されているようである。そうしたキャラクターと同じ名は男女ともに付けられている。

「一二三」で「ひふみ」は段々増えていく感じがあったが、近年では音楽家らの間で「ワルツ」と読ませる命名が流行っている。「三二一」と減っていくケースもあり、親がディズニー好きなので、「ミニー」と読ませたそうである。カタカナとよく似ているが、やはり漢字の方が格が高いという意識は根強いのだろう。

二〇〇四年の人名用漢字の改正で「林檎」「葡萄」などの果物の漢字が採用された。「苺」は要望が最も多かった字だが、「もも」と読ませる名については、親が勘違いして付けたという話も聞いた。戸籍への傍訓（読み仮名）の必要性について、審議会で議論され、法改正がなされたが、こうした命名の底流にある漢字中心主義はいろいろな現象を引き起こしてきた。

第八節　小結

漢字が日本に伝来してから、次第に日本独自の応用が加えられるようになり、以上のように、氏名にも多彩で複雑な運用が自在に行われてきた。

戦後、子の名には「常用平易な文字」を用いると「戸籍法」第五〇条で定められたが、「人名用漢字」の範囲を巡っては、社会の変化に伴って命名と漢字の変化も生じて、時代ごとに変遷が著しく現れている。

帰化した人も戸籍では姓は「正しい日本文字」とするといった規定もあるなど、姓や（法務省令が運用されるまでの）名や外国人名、そして地名などを表記するために、さまざまな字種や字体、用法が生み出され、継承されてきたのである。

かつて、名付けに際して、人名用漢字という制約が設けられることに対する訴えが繰り返し起こされたが、最高裁判所の決定では「公共の福祉」が優先する由などが判示されている。

そうした中で、限られた字種であっても、放埒とも言われかねない読ませ方が名に見られるようになっている。ここには、戸籍だけでなく日本人が伝統的にもっていた漢字中心主義、仮名よりも漢字のほうが格が高いという意識が根底にあるように思われる。仮名よりも漢字表記のほうが重視されてきたのである。

そして、パソコンやケータイの飛躍的な普及によって、漢字は書くものから画面上で選ぶものへと大きくシフトした。そうしたことから字義よりも、点画や文字から直感的に浮かび上がってくるイメージを重視する姿勢が強まってきたのである。

自由な読み方を認める制度の中で、個性を重視する時代において、少子化に伴って命名文化も変化を免れず、独特な名付けが増えつつある。また国際化の中で、外国風の名も増してきた。多様性を重視する時代の到来により、こうした傾向はさらに進むことが予想される。行政システムは整備が進む一方で、氏名の漢字にはまだ変化がやまないと考えられ、窓口業務にも様々な困難が生じる可能性がある。氏と漢字の抱える複雑な現実と市民感情をしっかりと見据えた対応が求められる。

第二章　各国の名字・名前と文字

第一節　世界の名字事情——日本人の名字を知るために

一　日本人の名字は特別

人名には謎が多い。「服部」を「ハットリ」、「小鳥遊」を「タカナシ」と読むのはなぜか？　「大谷」は「オオタニ・オオヤ」、「中島」は「ナカジマ・ナカシマ」と、読み方が分かれる理由は何か？　日本には、中国の王《ワン》氏、韓国の金《キム》氏のような漢字一字の音読みの名字はないのだろうか？　「佐藤」と「藤田」などの人口や割合が、地域によって異なるのはなぜなのか？　ハンコからはみ出すほどの日本で最も長い名字とはどういうものか？

下の名前は、さらに複雑である。

「苺」は二〇〇四年に解禁され、すでに大学でも当たり前になってきた。「一二三」は「ワルツ」。では、「三二一」は何と読むだろうか？　森鷗外は自分の子供に「於菟《おと》」、「茉莉《まり》」、「杏奴《あんぬ》」、「不律《ふりつ》」、「類《るい》」などと欧風の名を付けた。では、今日の命名と鷗外の頃の命名とは、何が違うのだろうか？

この章では、日本語を構成する重要な固有名詞である名字と名前のおもしろさ、その実態と背景に迫っていく。本節ではまず、「世界の名字」を概観してみよう。

二　名字と名前

地球上に暮らす人々は、それぞれが自身の名をもっている。そして、たいていは、一族や血脈など同族であることを表す「姓」（「名字」「氏」などとも呼ばれる。英語ではlast name, surname, family nameなど）と、個人を表す「名前」（「名」「下の名（前）」。英語ではfirst name）とを兼ね備えている。

ただし、民族によっては、姓をもたないケースもある。たとえばモンゴル人は、日本人のような姓はもたない。元横綱の朝青龍は引退後、「ドルゴルスレン・ダグワドルジ氏」と紹介されることがあるが、「ドルゴルスレン」は父称（父親の名前）、「ダグワドルジ」は名前である。これとは別に氏族の名称があるが、通常は用いられない。省庁の人も、在留資格取得のための申請書に名字の欄があるので困ったと話していた。モンゴル人と同様にアイスランド人も、父称を名字のようにしている。

名前（日本人の場合は、下の名前）は、生まれたときに正式に与えられ、人生の途中で変更されることもあるが、名字とともに公文書にも登録され、日々呼ばれたり、書かれたりする重要な存在だ。

名字と名前は、個人を特定することには必ずしもつながらないが（例えば、同姓同名もあるので）、個人を識別するための参考情報の一つであり、生前はもちろんのこと、没後にも墓石に刻まれたり、数々の言及を受けたりする。そして、世上でさまざまな関心が寄せられるものである。

三　世界の名字事情

まずは、全世界の名字について興味深いデータがあるので引いてみよう。「10 of the Most Common Surnames in the World（世界でいちばんよく使われる10の名字）」という果敢に公表された資料を見ると、トップ10を上表のようにしている。

この表によると、上位一〇位は漢字圏とラテン系言語圏、英語圏、ロシア語圏、ドイツ語圏にある人々からランキングが構成されている。Nguyễn（グエン）はあまりなじみのない名字かもしれないが、後で述べよう。これは、インターネット上の事典「Wikipedia」に基づくランキングとされている。

ちなみに、かつて『ギネスブック』には、中

順位	名　字	人　数
1	Li／Lee（リー）	1億人以上
2	Zhang（チャン／ジャン／ツァン）	1億人以上
3	Wang（ワン／ウァン／ウォン）	9,300万人以上
4	Nguyễn（グエン）	3,600万人以上
5	García（ガルシア）	1,000万人以上
6	González（ゴンサレス／ゴンザレス）	1,000万人以上
7	Hernández（エルナンデス／ヘルナンデス）	800万人以上
8	Smith（スミス）	400万人以上
9	Smirnov（スミルノフ）	250万人以上
10	Müller（ミュラー）	100万人以上

国系の名字「張《チョウ》」が一億人近くで最多だと出ていた。「Wang」を一位とし、一億七〇〇万人余りとするサイト「Most Popular Last Names In The World」もある。

この資料は世界の名字の様子を大づかみに見るには参考になるが、

- 人口が一四億人以上いる中国の名字は、大きく水をあけられた四位以下には入らないのか？
- 人口が中国を超えたインド人（「Shetty」など）、イスラム教圏の人々などの名字の位置はどうなっているのか？
- 日本人の名字は本当に入らないのか？

など、数々の疑問がわいてくる。

四　ローマ字圏の名字事情――アメリカを例に

続けて、より正確な現況を求めて、ローマ字圏を代表してアメリカの名字を見てみよう。

アメリカ合衆国(United States of America)は、現在では人口が三億人を超えている。英語使用者が最も多いが、先住民族ネイティブアメリカンと、ヨーロッパをはじめ世界各国からやってきた多数の移民によって構成される国であるため、名字は各国のものがローマ字となって入り交じっている。アメリカ社会保障局が最初のアルファベット六文字から調査したところ、一六〇万種類に達していると推定されるという（http://blog.livedoor.jp/namepower/archives/1237794.html）。一九六四年の当時は一〇九万一五二二種だったというので、数十年間でかなり増加しているようだ。アメリカ商務省国勢調査局によれば、二〇〇〇年の時点で、人口一〇〇人以上をかかえる名字だけで、一五万一六七一種に達している（http://www.census.gov/genealogy/www/data/2000surnames/index.html）。そこには、アジアからの人々として日（本）系、中国系、韓国系、ベトナム系などの名字ももちろん含まれている。

それほどたくさんあるアメリカの名字のうちで、使用人口が多いものは何であろうか。これについても、アメリカ商務省国勢調査局が統計をとっており、部分的ではあるが一般に公開している。それ（前出の資料）によれば、二〇〇〇年現在、次頁の上表のようなランキングになっている。

サイト上に公開されているファイルには、スミス姓の七三％余りが白人であるなど、人種・ルーツの比率の細かいデータまで示されていることに驚かされる。こうした細かい数値を通して、移民の受け入れや定住の状況も客観的にうかがうことができる。

確かに、私がよくプロ野球を見ていた頃、ウィリアムズ選手はみな黒人であったし、ロドリゲスはヒスパニック（中南米の出身か中南米からの移民）だったような記憶がある。これより下の順位に登場するジャクソンも「ジャクソン5」は確かに、など、あれこれと思い当たることがある。

世界ランキングで五位だった「ガルシア」は、ここでは八位に入っている。世界ランキングでは一〇位に入っていなかった「ロドリゲス」が、世界ランキング六位・七位の「ゴンザレス」、「ヘルナンデス」よりも多くなっている。世界ランキング一〇位の「ミュラー」は「百万人以上」だったが、世界ランキングに入っていない「ジョンソン」が、アメリカランキング二位で「一八五万七一六〇人」となっている。

順位	名　字	人　数
1	SMITH（スミス）	237万6,206人
2	JOHNSON（ジョンソン）	185万7,160人
3	WILLIAMS（ウィリアムズ）	153万4,042人
4	BROWN（ブラウン）	138万145人
5	JONES（ジョーンズ）	136万2,755人
6	MILLER（ミラー）	112万7,803人
7	DAVIS（デイヴィス）	107万2,335人
8	GARCIA（ガルシア）	85万8,289人
9	RODRIGUEZ（ロドリゲス）	80万4,240人
10	WILSON（ウィルソン）	78万3,051人

このように、いわゆる人種の坩堝《るつぼ》らしく、アメリカにはさまざまなルーツに由来する名字があふれている。このことは、メディア露出の多いアメリカの芸能人や大リーガーなどを思い浮かべても

らうと、首肯される点が多々あろう。

そもそも、アメリカ大リーグから入ってくる大谷選手の活躍などを表す細々とした記録は、ひとつひとつのプレーを細かくデータ化してきたことに裏付けられたものである。論理的な思考にデータを組み込む文化、数字を大切にする文化であることがよく分かる。こうした歴史も一〇〇年ほどは遡ることができるようになっている。

ランキングを眺めると、移民によって形成された国らしく、上位はやはりドイツ系、イギリス系など西ヨーロッパの名字が多いことがうかがえる。地名や職業、特徴のほか、「〜son」「Mc〜」など父親の名を受けたものが目立つ。「〜son」は文字通り「〜の息子」、「Mc〜」もケルト語系の名字に使われ、「〜の息子」が元の意味である。

英語圏では「スミス」が多いということは、しばしば語られるところだが、実際にはアメリカでは一〇〇人に一人もいないことが、この資料から分かる。二〇〇〇年の時点で、すでに三億人に近かった総人口のうちで〇・八八％に過ぎず、一％にも及ばないのである。

スミス姓についてさらに調べてみると、アメリカでは、二〇一三年三月の時点で二七一万三五八二人に増えているとある（http://names.whitepages.com/last/

Smith)。全米各州に分布し、南部、特にテキサス州に多い。smithは、古英語では職人、鍛冶屋といった意味で、職業から名字になったものとされている。『国富論』を書いたアダム・スミスもイギリス人だ。英語圏では四〇〇万人に達すると推計されている。

ランキングの中には、漢字圏の音読みの一字の名字とみられるものも入っている。ただし、「李」と重なる「Lee」はヨーロッパにもとから存在している。綴りと人種比からしか推測できないので、そうした異なる由来のものもあり得るのだが、たとえば、上表のようなものがある。

順位	名　字	人　数
22	LEE（リー）	60万5,860人
57	NGUYEN（グエン）	31万125人
109	KIM（キム）	19万4,067人
424	CHANG（チャン）	6万9,756人
438	WANG（ワン／ウァン／ウォン）	6万7,570人
963	ZHANG（チャン／ジャン／ツァン）	3万3,202人
55732	GIM（キム）	344人

そのほかのローマ字圏の国では、イタリアには名字が三五万種以上あるといわれている。インド・ヨーロッパ語族ではないフィンランドも人口は約五〇〇万人と少ないにもかかわらず、名字は約六万種にのぼるといわれ、人口比では種類が多いといえる。

ここまで、アメリカを中心にローマ字を使った欧米の名字の概況を見てきたが、漢字で書かれる名字のほうはどのようになっているのだろうか。次節では、漢字圏に目を移そう。

第二節　漢字圏の名字事情　中国と台湾の名字

一　『中国姓氏大辞典』

この節では、アジアの漢字圏に目を転じよう。

世界の国家の中で、一、二位の人口を擁する中国（中華人民共和国）では、名字のランキングはどうなっているのであろうか。かつては統計情報があまり公開されず、数字のない国などと揶揄された時期もあった。筆者も教科書や資料集で、中国のデータが抜けている地図や図表をしばしば目にしたものである。しかし、今や統計資料が整い、公開されてもいて、国家が国民全員を把握しきっているかのように見えることもある。

過去に文献資料に記録された名字の種類は、二万を超えているという。袁義達・邱家儒編『中国姓氏大辞典』（江西人民出版社、二〇一〇年）には、古代から現在まで、歴代の文献や「全国人口普査資料」などから中国で使用された名字二万三八一三種を収集して載録し、出典と分布なども示すようにしてある。ここでいう「全国人口普査資料」というのは、『伊吾県姓氏』（伊吾県は新疆ウイグル自治区内）、『新昌県姓氏』（新昌県は浙江省内）など、全国各地の地域ごとの資料を集めたものを指すようだ。このように個別の市や県の成果に当たることが、これまでも時折なされてきた（袁義達・杜若甫『中華姓氏大辞典』教育科学出版社、一九九六年。竇学田『中華古今姓氏大辞典』警官教育出版社、一九九七年）。

この辞典によると、漢民族の大半が用いる一文字の名字は六九三一種であり、二文字の名字は九〇一二種、三文字が四八五〇種、四文字が二二七六種、五文字が五四一種などとなっている。

そのうち、現在でも使用されている名字は七〇〇〇余種で、漢民族のものがその半数を占めるという。

「司馬」「諸葛」「欧陽」「令狐」など歴史上の人物にも見られる複姓（二文字以上の姓）は、今でも中国や日本のテレビなどでも見かける。教え子の令狐さんは祖父が「狐」と合字で書いていたそうだ。小説など創作物でも人気だ。ただ、三文字以上の名字となると、ほとんどが少数民族の名字を漢字で音訳して表記したもので、最も長い名字は十文字に及ぶという。その最長の名字はチベット（蔵）族の「伙爾川扎木蘇他爾只多」だと言われ、報道されたこともある（ただし、筆者の入手したこの辞典は初版だが、掲載されていない）。

二　中国政府の公式数値

『中国姓氏大辞典』が刊行される以前の二〇〇六年に、同辞典の編者である中国科学院遺伝・発育生物学研究所の袁義達と中国丘氏宗親聯誼会会長の邱家儒の両氏は、中国の二億九六〇〇万人の名字を調べ、公表したことがある。

この段階では、使われている名字は四一〇〇種であり、歴代の資料に出現した種類よりも少ないとされていた。『中国姓氏大辞典』での七〇〇〇余種という数字との違いが、何によるのかは残念ながら分からない。袁氏は、それまでにも歴代の大姓（ポピュラーな姓）の変遷や、名字別の血液型比率についても共同研究を行ってきた人物である。

その後、中国の公安部治安管理局は、二〇〇七年時点で、全国の戸籍上では、名字は四七〇〇種余りあると公表した（「全国戸籍人口統計分析」）。これが政府の示した公的な数値と言え、画期的なデータである。人口の割に、名字の種類が少ないことが分かる。そして二〇二〇年には、約六〇〇〇種とされた（「中国姓氏分布研究」）。

三　中国で最も多い名字は何か

人口の多い名字については、人々の経験から生まれた「張三李四」ということばが事態をよく表していると考えられていた。張さんの三男と李さんの四男を意味し、平凡なつまらない人のたとえとしてよく使われる。「張」も「李」も中国ではありふれた姓であることから生まれたことばだという。また、古くは文字を学ぶための教科書として、数百の名字を収めた『百家姓』が編まれ、よく目にする姓、名家の姓はこの中にあると考えられていたものである。一九八四年には、文字改革委員会（現在は国家語言文字工作委員会）が「王」姓が最多であるとの推測を発表したが、中国科学院などからは「張」ないし「李」のほうが多いといった推計や主張も現れていた。

そうした中で、中国社会科学院語言文字応用研究所漢字整理研究室編『姓氏人名用字分析統計』（語文出版社、一九九一年）に示された、七つの都市を対象としたサンプリング調査では、「王」「陳」「李」「張」「劉」の順となっていた。ほかにも、方言区画を加味するなど種々の先駆的なサンプリング調査が行われたが、巨大な実像の前で、推計値は揺れ続けた。

そして、先ほど引いた「全国戸籍人口統計分析」によると、実際には次頁の上表のようになっていたことが明らかとなった。中国国内の名字に関して、長年の論争に終止符が打たれたのである。

それぞれの名字の人だけで独立国を作ることができそうな人数である。中国の人が一四～一五人集まれば、王さん、李さん、張さんが一人ずついる計算となる。これらは、唐代までの「四姓」の中に現れていたという（奥富『名字の歴史学』）。つまり、古くから有力氏族の名字に使われていたものであり、歴史上著名な大姓なのである。

二〇一三年四月一四日、新華社の報道によると、先述の袁義達が属する中華伏羲文化研究会華夏姓氏源流研究センターが行った最新の調査でも、現在最も多い名字は「王」で、九五〇〇万人に増えているという。なお、二〇一〇年の人口調査に基づくと称するランキングもインターネット上に見かけられるが、過去に示された比率の推計に、二〇一〇年時点の人口を掛け合わせたものではないかと疑われている。

順位	名字	人　口	占有率
1	王	9,288万1,000人	7.25%
2	李	9,207万4,000人	7.19%
3	張	8,750万2,000人	6.83%

そして、二〇二〇年の調査によれば、「王」「李」の二つの姓は、一億一八三万人余りと一億一三九万人余りとなっており、ともに一億人を超えていることが分かった。

四　中国の名字トップ10

続いて、人口はさらに概数となるが、四位以下は次頁の上表のようになっていた。

順位	名字	人　口	占有率
4	劉	6,700万人	5.23%
5	陳	5,800万人	4.53%
6	楊	4,000万人	3.12%
7	黄	3,100万人	2.42%
8	趙	2,600万人	2.03%
9	呉	2,500万人	1.95%
10	周	2,400万人	1.87%

ここまでで、かつての国姓つまり皇帝の用いた名字がいくつも含まれている。中国では、王朝が交代する理論的根拠として「易姓革命」が周知のことであった。天命によって王朝が交代し、このとき支配者の姓も変わる（姓が易わる）とされたのである。これらの姓の発音は、現代中国語では声調が一声や二声、つまり歴史的な四声では平声となっているものが他の名詞に比べて多い。これは偶然というよりは、そういう発音が固有名詞の一字目として好まれたということも影響したのではなかろうか。同義語を並べた二字の熟語には、同様の傾向があることが知られている。

この時点で、本章第一節の最初に見た世界トップ10の表（三一頁参照）は改めなければならない。他国の実状によっては、上位一〇位はすべてが漢字系の名字で占められることになりそうだ。なお、二〇〇七年四月の報道によると、中国では、トップ100の名字で、全人口の八四・七七％を占めるという。二〇二〇年でも、八四・三八％となっている。

これらに、さらに各地の中国系の人々を加えると、「李」が「王」を逆転するとも言われている。ローマ字やハングルなどの表音文字を正式な表記としているような華僑は除いたとしても、漢民族では、「李」が最多と言われることもあり、ことによると、これが世界一多い名字ということになりそうである。この「李」だけでも、もとは裁判官で「理」であったというもの（老子の李姓。裁判官のことをかつては「理官」と呼んだ）など、出自や由来の伝承は数百通りも知られている。

中国などでは、戸籍に載らない子供も存在しているとされ、それらも含めた人口調査を、改めて実施すると報じられたこともあった。

五　中国の珍しい名字の数々

現在、中国には、「米」「酢」「塩」といった珍しい名字がある。また、「山」は現代中国音ではshan^{1}（シャン）と読むが、名字としてはya（ヤ）と読ませるものが見つかっている（この「山」を「岜」などとする記録もある）。一二世紀、金に抵抗した英雄である岳飛の末裔で、「岳」姓を隠すためにこうしたという。また「仉」は、周代にまでさかのぼる歴史のある姓で、zhang^{3}（チャン）と読むが、中国でも見たことがないという人が多く、旁（つくり）の「几」からの当て読み、類推読み（いわゆる百姓読み）でji^{3}（ジー）と読まれることがある。

「死」という名字も実在している。三〜六世紀の六朝時代に少数民族の四字の音訳による名字に含まれていた一字が残ったものとされる。教え子の女子留学生が、以前、クラスの男子に実際にいたと話してくれた。その彼は無口で一言も喋らなかったけれど、クールでかっこよかったそうだ。

なお、二〇〇七年の統計によれば、当時最も人口の少ない名字は「難」であったという。

コンピューターで登録できない名字や名前も問題となっている。既存の漢字に対する異体字の類いがほとんどのようだが、名字のための造字もあるほか、非常に変わったものとしては、重慶市に「〇」と書く名字の男性が一人だけいると報じられたことがある。$ling^2$（リン）と読むそうで、読みから考えると漢数字の「零」ということなのだろうが、由来は何で、また両親や子供の名字はどうなっているのかは分からない。中国では、新しい姓が認められるケースもあるそうだ。「零」姓はあるので、あるいはその略記なのかもしれない。いずれにせよ、「難」よりももっと珍しいということになろう。漢字以外のローマ字やこうした希少な名字は、行政が使用しているシステムで扱うことができないといい、問題となっている。

●中国の名字の今

中国では、結婚しても夫婦はいずれも名字を変えることがない。その子供は原則として父親の名字を受け継ぐが、近年は父母の名字を連ねるケースが増えている（韓国やベトナムなどでも現れた）。まれに両親とは別の名字を選ぶケースもあるようだ。

「範」が簡体字では「范」になるなど、中国では戦後に政府により新たな漢字の整理を経た。これによって、たとえばウェブサイト上では同じ人物の名字で「範」「范」が混在しているケースも見受けられ、日本人から見ると過去とのつながりや漢字同士の関連が分かりにくくなったものもある。「瀋」と「沈」も、中国でも古来の前者を維持する人もいるなど混乱が生じている。

広大な中国では名字にも、山東ならば「孔」、江蘇ならば「徐」「朱」、上海ならば「沈」「陸」、福建ならば「鄭」、広東ならば「佘」「梁」「羅」「黄」、新疆ならば「馬」（イスラム系でムハンマド［モハメッド、マホメットなどとも言う］の音訳から）、散在する客家《ハッカ》ならば「饒」が多いなど、地域による特色に差があることもよく知られている（先述の『姓氏人名用字分析統計』ほか）。「冇」「埕」などの方言文字を用いたもののほか、少数民族には、「岜《ピャー》」のように、固有の事物を表すための造字を用いるケースもあるようだ（この字はチワン語で岩山を指す）。

最新のデータを紹介しておこう。公安部の戸政管理研究センターが発表した「二

○二〇年全国姓名報告」では、五大姓が人口の三〇・八%を占めている。トップ10は変わっていない。新生児の姓は「李」が最多であった。

●台湾の名字事情

台湾(中華民国)でも、政府がきちんと全体の統計をとって、公開までしている。内政部による二〇二三年の調査では、トップ3は、上表のようになっている(内政部の「全国姓名統計分析」を参照)。一九七八年の調査結果と順位は変わっていない。

順位	名字	人口	占有率
1	陳	261万8,994人	11.21%
2	林	194万7,520人	8.33%
3	黄	140万2,820人	6.00%

ここからは、やはり隣接する大陸の福建や広東辺りに多い名字が優勢であることがうかがえる。福建には「陳林半天下」(「陳」と「林」という名字で天下の半分を占める)ということわざがあって、これをよく反映していると言えるだろう。台湾の内部での地域差は比較的小さい。

以下、「張」「李」「王」「呉」「劉」「蔡」「楊」「許」「鄭」「謝」「洪」「郭」「邱」「曾」「廖」「頼」「徐」……と続く。「周」「葉」「蘇」「荘」「呂」なども多く、これは、日本にいる中国や台湾の人たちの名字の印象と一致したという人も多いのではないだろうか。二〇一八年「全国姓名統計分析」で、この「郭」と「洪」の順が入れ替わった。

一字姓が一六六七種、複姓が一一八種ある。なお、姓名の字数が一三文字に達する男性もいるという（「中華民国内政部戸政司戸籍資料統計」二〇一〇年）。この統計では、異体字に相当する「高・髙」「黃・黄」「溫・温」「龐・厖」などを分けて集計しているそうで、繁体字以外を登録している人たちもいる。先住民など少数民族の四字の漢字姓など、台湾にしか見られない名字も含まれている。

ここまで見てきた中国、台湾の大勢を占める状況は、漢民族の姓つまり漢姓の典型を表していると言える。

では、同じ漢字圏にある韓国では、どのようになっているのだろうか。中国と似ている部分と違っている部分があると、漠然と思われているかもしれない。次節で、具体的にデータを示しながら扱うことにしたい。

第三節　漢字圏の名字事情　韓国とベトナムの姓

一　韓国の姓——その歴史

中国・台湾と同じ漢字圏に属し、古くから族譜が編まれるなど姓を大切にしている韓国（大韓民国）では、どのような状況になっているのだろうか。

朝鮮半島では、かつて古朝鮮の時代には、古代の朝鮮語の固有語によって姓も表されていたが、四世紀の三国時代以降、中国式の漢字一字を音読みするものに切り替えられていった。かつては姓を持たない人もいたが、今では国民全員がほぼすべて漢字音による姓を有している。

儒教の教えが徹底して浸透した韓国では、近年まで同姓不婚を定めた民法があり、心中事件など種々の悲劇も起きていたという。ただし、中国よりも特定の姓への集中度が高いためか、「朴」姓などいくつかの例外を除いて、本貫（祖先の発祥の地・本籍地）が異なれば、同じ名字の人同士でも結婚ができた（アジア経済研究所企画、松本作・大岩川編『第三世界の姓名　人と名前と文化』）。

韓国では、中国と同じく正式に結婚しても、夫婦とも名字は変わらない。さすがに一九九七年に憲法裁判所でその同姓不婚に関する条文は、憲法違反とされて失効したが、慣習としてはなかなか容易には消えないそうだ。

戸籍制度に替わる家族関係登録簿では、なおもハングル表記に対して括弧内に漢字表記が用いられている。戸籍の漢字をハングルに変えようとした裁判が起こされたものの、認められなかった。現在では、新聞などで、下の名前はハングル表記にしても、名字だけは漢字表記とするケースも見られるのだが、日常生活上では、名字もハングルによる表記がほとんどとなってきている。

二　韓国の名字ランキング

韓国は、電子政府が実現する前から、こうした名字の実態を数え上げて、公開を行ってきた。もともと朝鮮では古くから、網羅的なものかどうかは不明ながらも姓の数が記録されていた（朝鮮総督府編『朝鮮の姓』。島村『外国人の姓名』、『世界の姓名』、ほか）。二〇〇〇年に韓国統計庁が発表した「人口住宅総調査 姓氏および本貫集計結果」によれば、韓国の名字ランキングは上表のようになっている（http://kajiritate-no-hangul.com/myouji.htmlほかで、ランキングを見ることができる）。二〇一五年の「人口住宅総調査」でも順位は変わっていない。中国などと比べたとき、細かい数値まで明らかになっているのが特徴的である。北朝鮮もおおむね同様という。

順位	名字	人　口
1	김（金／キム）	992万5,949人
2	이（李／イー）	679万4,637人
3	박（朴／パク）	389万5,121人
4	최（崔／チェ）	216万9,704人
5	정（鄭／チョン）	201万117人
6	강（姜／カン）	104万4,386人
7	조（趙／チョ・チョー）	98万4,913人
8	윤（尹／ユン）	94万8,600人
9	장（張／チャン）	91万9,339人
10	임（林／イム）	76万2,767人

神話上の人物や新羅の王家の名字である「金」姓が圧倒的に多く、人口の二一・六％を占めてい

る。二〇一五年では五一〇七万人のうち二一・五％で、「金」さんが一〇六八万人を超えた。大統領選挙に三人の「金」氏が出馬していたこともあったし、野球チームの先発メンバーが全員「金」選手だったという話も聞くくらいで、

「南山で石を投げれば金さんに当たる」（金という名字が非常に多いことを表す）

「ソウルで金さんを探す」（金さんという情報だけで探すのは困難であることから、不可能なことのたとえ）

といったことわざまであるほどだ。

上位の四位までで、韓国の現在の総人口約五〇〇〇万人のほぼ半数を占めることから分かるように、韓国では特定の名字への集中度が高い。ちなみに、一〇世紀から一四世紀の高麗王朝においては、「柳」「崔」「金」「李」が「四姓」とされた。

第二位の「李」は、通常、韓国ではイー、地理的にも中国に近い北朝鮮ではリーと発音される。ローマ字でのつづりは、LEE、LIなどさまざまである。第一〇位の「林」も、イム・リムの発音には「李」と同様の違いがある。中国の「li」という発音は、北朝鮮で「ri」（日本語の「リ」に近い）となり、韓国でさらに「i」となった。この「r」が脱落する頭音規則は、アルタイ語的な性質によるものであるとされるが、「柳」はユとリュが家系によって分かれている。

これらの名字の由来は種々ある。新羅の建国説話に出てくる「朴」のように、当時の固有語に漢字を当てて名字としたと言い伝えられるものもあるが、日本とは異なり、韓国では国字や国訓は非常にまれで、漢字は中国風の音読みが大原則となっている。また、韓国では、一文字の音読み（ハングルでも一文字が対応）が大原則となっており、「司馬」「諸葛」「鮮于」などの復姓（二文字以上の姓）は、中国と同じく珍しい。

すでに廃絶したものなど歴史的には増減があるが、この二〇〇〇年の統計時点では、名字の種類は二八六種となっている（本貫は四一七九種）。二〇一五年には、五五八二種、そのうち漢字がない姓が四〇七五種もあり、そのほとんどが帰化による。

三　外国からの移住者とその名字

外国から移住した人については、中国系の一族はもちろんのことだが、日本系の友鹿金氏、ベトナム系の花山李氏など、名字として数百年の歴史を持ちながらも、祖先のルーツが分かる一族がいる。

また、外国から移住した人が韓国に帰化する際に、中国のほか、ベトナムや日本の名字を、漢字を介してそのまま音読みさせた例もある。ベトナムからの帰化者には「興《フン》」という名字があり、日本から移り住んだ人では「岡田」姓が存在する（カンジョンと読む）。さらには国字すなわち日本製漢字の「辻」までもが、「十」や「汁」からの類推による音読みで名字として用いられている（シプと読むが、シプでは小便を意味する語との同音衝突となるため、これを避けてチュプとも読まれる）。

これらの歴史を有しすでに韓国に定着している名字は「土着姓」と見なされ、先の二八六種となっているという。そのほかに近年韓国に帰化した人の名字は「帰化姓」として別個に扱われている。それでも、名字の種類は多様ではなく少ないといえる。

四　ベトナムの名字の今

漢字圏には、さらに様々な少数民族があるほか、独立国としてはベトナムがある。ベトナムでは阮《グエン》姓が圧倒的に多く、人口の四〇％近くを占めると言われ、四〇〇〇万人に達する勢いである。確かにグエン・ヴァン・チュー、グエン・カオ・キなど、歴史に名を残した人々にもグエン姓は数多く見られる（どちらもベトナム共和国時代の政治家）。

これはもともとは中国系の名字で、古くは一五世紀の政治家阮廌（グエン・チャイ）の例があるように、名字一字に名前は一字か二字で用いられる。阮福暎（映）

（グエン・フク・アイン）の建てたベトナム最後の王朝・阮朝の影響で、次第に、阮朝の皇帝と同じ名字が増えていったとされる。ほかには、陳（チャン。中部以南ではトラン）、黎《レ》が多い（李は少ない。『Lê Trung Hoa（2005）. Họ và tên người Việt Nam. Hà Nội, Việt Nam: NXB Khoa học Xã hội（Social Sciences Publishing House）』）。ただし現在では、チュークオックグー（国語字）と呼ばれるローマ字表記が正式なものとして通常使用されており、漢字表記の使用はごく一部の人々に限られている。

ここまで、ローマ字圏、漢字圏を取り上げ、世界の名字について概観してきた。日本の名字に入る前に、もうしばらく重要な名前（ファーストネーム、下の名前）の、世界での有り様について見ていこう。

第四節　ローマ字圏の名前

一　アメリカ人の名前ランキング

ここまで、いくつかの主要な国や地域の名字について、その実態を紹介してきた。それでは、個々人の名前（first name。日本では「下の名前」）はどうなっているのだろうか。ここからは、名前について諸外国の実状を押さえていきたい。

数字の国アメリカ合衆国での、政府による統計の実施と一般への公開は、名字（本章第一節参照）だけでなく、ファーストネームにも及んでいる。

アメリカ合衆国社会保障局が公開している「Top 5 Names in Each of the Last 100 Years」によると、子供への名付けで人気のあるものは、次頁のランキングのようになっている。元データの一〇〇年分の統計からほぼ四半世紀ごとに区切って抽出してみたが、アメリカでも、名前には流行があることがうかがえる。

こうした時代による命名の変動を総合した、ある時点での名前の使用の割合もちゃんと公開されている。アメリカの全人口のうちでよく使われている名前は、一九九〇年の段階では、次頁のようになっていた（アメリカ合衆国国勢調査局のサイトより）。

少し以前のデータではあるが、これによると、アメリカ人は男性のだいたい三〇人に一人がジェームズさん、女性の約四〇人に一人がメアリーさんということになる（五六頁の上表を参照）。

【女性】

順位	年				
	2012	1988	1963	1938	1913
1	Sophia （ソフィア）	Jessica （ジェシカ）	Lisa （リサ）	Mary （メアリー）	Mary （メアリー）
2	Emma （エマ）	Ashley （アシュリー）	Mary （メアリー）	Barbara （バーバラ）	Helen （ヘレン）
3	Isabella （イザベラ）	Amanda （アマンダ）	Susan （スーザン）	Patricia （パトリシア）	Dorothy （ドロシー）
4	Olivia （オリビア）	Sarah （サラ）	Karen （カレン）	Betty （ベティ）	Margaret （マーガレット）
5	Ava （エヴァ）	Jennifer （ジェニファー）	Linda （リンダ）	Shirley （シャーリー）	Ruth （ルース）

【男性】

順位	年				
	2012	1988	1963	1938	1913
1	Jacob （ジェイコブ）	Michael （マイケル）	Michael （マイケル）	Robert （ロバート）	John （ジョン）
2	Mason （メーソン）	Christopher （クリストファー）	John （ジョン）	James （ジェームス）	William （ウィリアム）
3	Ethan （イーサン）	Matthew （マシュー）	David （デービッド）	John （ジョン）	James （ジェームズ）
4	Noah （ノア）	Joshua （ジョシュア）	James （ジェームズ）	William （ウィリアム）	Robert （ロバート）
5	William （ウィリアム）	Andrew （アンドルー）	Robert （ロバート）	Richard （リチャード）	Joseph （ジョゼフ）

【女性】

順位	名前	占有率	占有率累計
1	Mary （メアリー）	2.63%	2.629%
2	Patricia （パトリシア）	1.07%	3.702%
3	Linda （リンダ）	1.04%	4.736%
4	Barbara （バーバラ）	0.98%	5.716%
5	Elizabeth （エリザベス）	0.94%	6.653%
6	Jennifer （ジェニファー）	0.93%	7.586%
7	Maria （マリア）	0.83%	8.414%
8	Susan （スーザン）	0.79%	9.209%
9	Margaret （マーガレット）	0.77%	9.976%
10	Dorothy （ドロシー）	0.73%	10.70%

【男性】

順位	名前	占有率	占有率累計
1	James （ジェームズ）	3.32%	3.318%
2	John （ジョン）	3.27%	6.589%
3	Robert （ロバート）	3.14%	9.732%
4	Michael （マイケル）	2.63%	12.36%
5	William （ウィリアム）	2.45%	14.81%
6	David （デービッド）	2.36%	17.18%
7	Richard （リチャード）	1.70%	18.88%
8	Charles （チャールズ）	1.52%	20.40%
9	Joseph （ジョゼフ）	1.40%	21.81%
10	Thomas （トマス）	1.38%	23.19%

二　ローマ字圏の名前の由来

ランキングに出てくる名前の由来としては、John, Michael, Mariaなど、聖書の登場人物から採られたものが目立つ。

ヨーロッパに目を向けると、二〇一三年、イギリス王室のウィリアム王子とキャサリン妃の間に生まれた男児は、「ジョージ・アレクサンダー・ルイ（George Alexander Louis）」と名付けられた。イギリス国内では誕生前に、その名前についで賭けが行われるほど盛り上がっていた。「ジョージ」が最有力視され、「ジェームズ」「アレクサンダー」などにも人気が集まったが、逆にいうと予測が可能な、選択式の命名習慣のあることを反映している。

この「ジョージ」は、チャールズ国王のフルネームにも含まれ、エリザベス二世（一九五二年即位）の父ジョージ六世につながるものとみられる。ハノーバー朝においてジョージ一世（一七一四年即位）が用いてから、「ジョージ」は王室で最もよく用いられてきた名前であった。「アレクサンダー」は、女王のフルネームに含まれる「アレクサンドラ」の男性形で、「ルイ」はウィリアム王子のフルネームにも含まれ、エリザベス二世の夫フィリップ殿下の母方の祖父の名前だったそうだ。もとより歴史と伝統を重んじる国であるが、さすがに王室も祖先、一族の名前を継承していることがうかがえる。

英国国教会の擁護者でもあるイギリス王室では、キリスト教徒の名前を三つ以上重ねることになっている。そのため男児も「ジョージ・アレクサンダー・ルイ」と名付けられたわけだが、その中の「ジョージ」は、古典ギリシア語における人名「ゲオルギオス」（「Γεώργιος」、ローマ字では「Georgios」）にさかのぼる。「大地で働く人」つまり「農夫」を意味し、古代ローマの人物ゲオルギオスがキリスト教の聖人となったことにより広まった。ドイツ語では原音に近く「ゲオルク（Georg）」（さらに変形し「ユルゲン［Jürgen］」ともなる）だが、フランス語では「ジョルジュ（George）」、スペイン語では「ホルヘ（Jorge）」などと変わってくる。西アジアの北端にある「グルジア」（かつてはソ連内の共和国だった）という国名もその聖人の名を起源とするとされ、近年、英語名に従って「ジョージア（Georgia）」への変更を日本政府に求め、受け入れられた。アメリカ合衆国の「ジョージア」州も、イギリスの国王だったジョージ二世の名に由来し、そこからさらに社名などが派生している。

なお、先に挙げた妃の名前「キャサリン（Catherine）」についても記しておくと、フランス語では「カトリーヌ（Catherine）」、ロシア語では「エカテリーナ（Екатерина、ローマ字ではEkaterina）」が対応する。

さらにヨーロッパ大陸へ目を向けると、たとえばフランスでは、かつてはキリスト教の聖人名から名前を選ぶことが法律によって義務づけられていた。カトリックの暦では、三六五日の各日が特定の聖人の記念日とされており、熱心なキリスト教徒が多かった時代にあって、このカレンダーにある聖人名から命名しなければならなかったのだという。

三　ローマ字圏の珍しい名前

欧米では、ときおりとても長い名前の人がいると話題になる。確実性の高いものでは、一九〇四年にドイツ・ベルゲドルフに生まれ、フィラデルフィアで暮らしていたアメリカ人に、

Adolph Blaine Charles David Earl Frederick Gerald Hubert Irvin John Kenneth Lloyd Martin Nero Oliver Paul Quincy Randolph Sherman Thomas Uncas Victor William Xerxes Yancy Zeus Wolfe-schlegelstein-hausenberger-dorffvoraltern-waren-gewissenhaft-schaferswessen-schafewaren-wohlgepflege-und-sorgfaltigkeit-beschutzen-von-angreifen-durch-ihrraubgierigfeinde-welche-voraltern-zwolftausend-jahres-vorandieerscheinen-wander-ersteer-dem-enschderraumschiff-gebrauchlicht-als-sein-ursprung-von-kraftgestart-sein-lange-fahrt-hinzwischen-sternartigraum-auf-der-suchenach-diestern-welche-gehabt-bewohnbar-planeten-kreise-drehen-sich-und-wohin-der-neurasse-von-verstandigmen-schlichkeit-konnte-fortplanzen-und-sicher-freuen-anlebens-langlich-freude-und-ruhe-mit-nicht-ein-furcht-vor-angreifen-von-anderer-intelligent-geschopfs-von-hinzwischen-sternartigraum, Senior

という人がおり、『ギネスブック』に「世界一長い人名」として登録されていた。合計七四六字に及ぶ。ふだんは通称の「Wolfe」（ウルフ）を用いていたが、その後、「Wolfe+585、Senior（ウルフ+585・シニア）」というアラビア数字やハイフン、カンマという記号さえも含まれた短縮したものに改名し、一九八五年に亡くなった。アルファベット順に並ぶ「Adolph」から「Zeus」までが名前で、「Wolfe」以降が名字だという。改名後の「585」という数字は、「Wolfe-schlegelstein-hausenberger-dorff」の後に続くアルファベットの文字数である。

英語圏では、意外な名前も付けられようとしている。例えば、二〇一三年五月のCNNの報道によると、ニュージーランドでは、「ルシファー」という悪魔の名前や「*」（「スターシンボル」と読ませようとした）、「.」（「フルストップ」と読ませようとした）、「4 Real」などが却下されている。

英語圏から出ても、珍しい名前の話題は、ときおり報じられることがある。一九九六年には、スウェーデンの夫婦が同国の名前に関する法律に抗議して、その子供に、

Brfxxccxxmnpcccclllmmnprxvclmnckssqlbb11116

と命名した。これだけ長く書いて「アルビン」と読むそうだが、登録は却下された。

かつてキリスト教の聖人名に基づく命名が一般的であったローマ字圏では、こう

した極端なケースをはじめとして、名前の多様化が進んでいるようである。

第五節　漢字圏の名前

一　中国の名付け

中国では、下の名前、つまり名字ではなく個々人に付けられる名前はどうなっているのだろうか。

歴史的にみると、漢民族は一字の名字に対して名前は一字、後代に二字のものが増え、その中に収まるのが大原則である。名のほかに、幼名、字《あざな》（成人後に実名以外に付ける名）、号など、別称をいくつも持つ者も多かった。たとえば、孔子は、名は「丘」（没後は生前の名で呼ぶのをはばかるため諱［いみな］となる）、字は「仲尼《ちゅうじ》」である。王からの贈りものが鯉であったことから、彼の子は、そのまま「鯉《り》」と名付けられた。下って、唐代の詩人である白居易を例に取れば、字が「楽天」、号が「酔吟先生」「香山居士」であった。

古くは、歴史書『春秋』の注釈書『春秋左氏伝』桓公六年九月に、名前の付け方に関して、「名に五つ有り。信有り、義有り、象有り、假有り、類有り」と魯の国の大夫申繻《しんじゅ》が語ったという記述が見られる（合わせて国名や動物名などは名付けに避けるべきことも語られている）。日本では、これが姓名判断と称する画数占いの古い根拠の一つとされることがあり、中国にも近年影響を与えているが、もちろんこの当時に漢字は楷書で書かれることはなく、漢字の画数など考えられたわけもないので、運勢に関する言及も同書にはない。

二　中国でよく名前に使われる漢字

さて、それでは現代では、どのような名前が多いのであろうか。

一九八二年に行われた国勢調査のデータをもとに、北京、上海、遼寧、陝西、四川、広東、福建の全国七つの地域で、一七万四九〇〇人の人名に用いられた漢字に対する調査が行われた（中国社会科学院語言文字応用研究所漢字整理研究室編『姓氏人名用字分析統計』語文出版社、一九九一年ほか）。そこでのトップ10は、上表の漢字であった。

順位	1	2	3	4	5	6	7	8	9	10
名前	英	華	玉	秀	明	珍	文	芳	蘭	国

草冠の字が多く、中でも「英」は二・〇九六％を占め、つまり延べ五〇字に一字はこの字が使われていることになる。女性だけに限定すると、「英」は四・〇二三％を占めた。男性に限ると「明」が二・一五〇％と最多で、次いで「国」が多いことが分かった。男女合計で一

〇位となる「国」だが占有率は一・〇八二%、一一位以下となると一%を割っている。

なお、名前でも、北京では「淑」、南方の福建では「麗」、広東では「亜」の人気が高いといった地域差が確かめられた。地域による差が大きいことはつとに知られていて、たとえば、「根」は紹興出身者に多いという。

さらに年代による差も生じており、その時代ごとに変化する社会的背景の影響で、政治色の強い名前が現れることも分かった。文化大革命の最中には、当時の青少年組織「紅衛兵」の影響か、「紅」「衛」や「軍」などが増える一方で、「栄」はブルジョア的だとして別の漢字に改めたり、「莉」(中国の民謡「茉莉花(マツリカ)」の一字だが、西洋女性の名前「ジャスミン」の音訳にも使用されていた)も西洋的だとして、同音の「力」に改めたりしたという。

近頃では、右記のものに変わって、「娜」「妍」「冬」「琳」「蕾」「静」といったものも増えつつある。「娜」は「婀娜《あだ》」(なまめかしく色っぽいさまの意)という語で用いられたとは一般に意識されなくなってきていて、女性の名前の専用字だと多くの人に思われており、アンナのほか、ナウシカなどの西洋風の女性名を音訳する際にも利用されている。

近年の命名では、男女を合わせると「涵」という字、次いで「宇」という字の人気が高まった。公安部戸政管理研究センターによると二〇二〇年の新生児では、「梓」「子」「宇」「晨」「一」がベスト5となっている。二〇二一年には「沢」が一位となり、「梓」「子」「宇」「沐」と続く。名前の最後の字は声調が二声だと響きの上でよいという声もあり、二声の「涵」は、こうした考えにも支えられている可能性がある。

名付けに選ばれる漢字には性差もあり、たとえば「軍」は男性、「華」「珍」は女性に多いとされるが、もちろん使用頻度の違いに過ぎず、これらの字は実際には男性にも女性にも用いられている。

三　中国人に多い名前

二〇〇七年以降は、国民の身分証などを管理する公安部が、戸籍・証明書に登録された国民について、毎年、干支にちなんだ漢字を含む名前や漢字の使用数など、極めて興味深いデータを公表し始めている。

その二〇〇七年、同姓同名が全国で最も多いのは「張偉」（簡体字では「张伟」などとなる）で、二九万六〇七人いると、公安部は発表した。同姓同名のために、学校のクラス内での混乱、誤認逮捕などが相次ぎ、名前を二字にすることが奨励されているそうだ。なお、これとは別の調査では、「劉波」(簡体字はで「刘波」)という同姓同名の人が一三〇万人ほどもいるとする報道も二〇〇五年にあった。

中国では、同姓同名の人数と地域、性別、年代、干支、星座などの分布を示すサイトが設けられ、検索が可能となっていた。新規の命名で、先に述べたような同姓同名をなるべく避けることが一つの目的なのであろう。

公安部による発表をさらに調べてみると、二〇〇七年時点で最多とされた先の「张伟」は、さらに増えており、二〇一三年五月三一日現在で、二九万九〇二五人に達している。ほかに、字体だけ異にする「張偉」も一人、「張伟」も一人、「张偉」は三人いる。

二〇一一年生まれの名前では、男の子では「浩宇《ハオユー》」(四万六〇九六人)、女の子では「欣怡《シンイー》」(四万三五二人)がそれぞれ最多で、男女を合わせると「子涵《ツーハン》」が四万七六九七人でトップとなる。中国の名付けも、流行が激しいようで、二〇二〇年では、男子が「奕辰」(二万四六二〇人)、女子が「一諾」(二万四八二〇人)となった。名付け方には多様化も進んでいる。二〇二一年には「沐宸」と「若汐」に一位を明け渡すなど、変動が大きい。

四　名前にまつわる慣習――中国編

中国では儒教道徳の影響から、皇帝や親などの名前を書かない避諱《ひき》という慣習があり、親の名前の漢字を子は生涯書くことができなかった。つまり、我が子の名前に親の一字を与えることは原則としてなかった。東晋時代の高名な書家王羲之（「蘭亭序」で「之」の字形をすべて書き分けた）のように、時代によっては子に「献之」などと自らの一字を付けるケースがあり、戦乱期などにはこうした例外もあった。今日では、漢字圏各国の名前で親の字を使うケースも見られるようになってきたが、日本のような主君からの一字拝領（一字御免、偏名を賜う、とも言う）という慣習はやはり特異である。

また、中国では唐代から、ふだん諱と同じ漢字を使うのをはばかり、漢字の一部を省略する欠筆が行われていた。日本でも欠筆は見受けられ、明治元年には太政官布告で、仁孝天皇・孝明天皇・明治天皇三代の実名の「恵」「統」「睦」を末尾の一画を書くことを禁じ、同時に名前に付けることまで禁じたこともあったが、欠筆は日本人の心性には合わなかったようで、明治五年に解除された。

五　中国語圏の珍しい名前

この後で述べる台湾も含め、日本人には変わっているように感じられる中国語圏

𪚥

の名前について、触れておこう。「愚」は、ときおり本名にもその一字や「天愚」のようにそのままの意味で用いられている。甦生、よみがえるの意の「甦」は、生まれたばかりの子に付ける名前としてはどうかと思われるが、台湾の人たちの名に使用を目にする。

さらに、「狼」や「糞」のような字の使用例も農村部などで見つかっており、当人が改名したケースもある。どこの国でも、良くない意味の字を用いて、身体の弱い子供を守る風習があったことと関係するのだろう。日本では、常用平易性だけの観点から「糞」を人名用漢字に採用する案が報道された時、法務省に抗議が殺到し、法制審議会人名用漢字部会はこの案を撤回した（笹原『日本の漢字』）。ただし、「狼」はイメージが一昔前よりもよくなったようで、採用されている。

画数が多い例としては、台湾に、フルネームが「龍𪚥𪚥」という若者がいたという。これは誤伝であったようだ（一八二頁参照）。

また、各地で、上海の「沪」のような、地名、地名の漢字、広東の「奀」「冇」のような方言漢字が使用されるケースもある。発音にも特徴が見られ、「靚」という漢字は、通常のjing^4（ジン）ではなく、広東語の影響を受けたliang^4（リャン）という発音が人名によく使用されている。

曌

昔から、珍名や奇字による名前も多く知られ、現在でも問題となっている。そのため、中国でも人名用漢字の制定作業は、ここのところ課題とされているそうだが、繁体字や生僻字（過去に使用ないし辞書に収録された記録はあるが頻度が少ない字）、さらにはいわゆる命名権の問題もあって遅れているようで、日本や韓国と異なり公布に至っていない。教育部と国家語言文字工作委員会が作成した「通用規範漢字表」も人名用漢字の範囲とは定められなかった。そこには国務院総理を務めた朱鎔基の「鎔」（鎔の簡体字）が加えられている。十字前後の長い命名もまれに見られるそうだが、今は「中華人民共和国姓名登記条例」によって制約を設けている（韓国も同様）。

名前のために造字をすることは、三国時代から記録され、さらに遡れば殷代にもそれらしいものが散見される。唐代、権力を握って自ら即位した則天武后が造った文字、則天文字の中に「曌」（自身の明「照」をこう改めた。当時の使用例は「曌」）や「圀」がある。後者は、日本では「徳川光圀」でおなじみの字である。武后の没後、すみやかに使用禁止の詔が出たのだが、その後に「圀」を用いた例も見つかっている。現代でも「嫚」「㛹」「娏（女偏に「龙」「龍の簡体字」）」のように造字の使用が見受けられ、ユニコード（Unicode）への追加もあいついで行われている。

中には、「China」から取ってローマ字で「C」という名前を登録できた人もいたが、近年、当局によって漢字に直させられた。ＩＴ時代を反映して、「@」（アットと読む）なども要望があったという。

六　台湾人の名前

台湾当局も、名字だけでなく名前についても積極的に公表を始めた。一字ごとではなく名前単位で調べている点が中国とは異なり、「李登輝」など著名な政治家と同姓同名の人の数まで公開されたが、これによって何か問題となるような事態が起こっているとは報じられていない。

二〇一二年の内政部の統計によると、台湾人男性で最も多い名前は「家豪《ジアハオ》」（一万四二二九人）で、前年一位だった「志明《ジーミン》」（一万四〇二二人）を抜いたそうだ。二〇二三年になっても人口はやや減ったものの一位を保っている。男性では、一九六〇年代から「志」を使った名前が主流となったそうだが、一九三〇〜一九四〇年代生まれは、「雄」を使った名前が多かったという。時代と社会情勢を考えれば日本の影響だったのであろう。

女性は「淑芬《シューフェン》」（二〇一二年の時点で三万三〇六三人）が前年に引き続き一位となっている。この名前を用いた著名人に画家の陳淑芬がいるが、いかにも台湾の女性らしい姓名だ。二〇二三年現在も一位を維持している。女性では、一九八〇～一九九〇年代生まれは「雅婷《ヤーティン》」「怡君《イージュン》」が多い。大学入試の志願者リストも、よく使われる名前の資料として利用されており、「菜市場名」（市場で呼ぶと返事をする人が多い名前）として発表されることがある。

七　韓国人の名前

韓国では、もともと固有語による名前が用いられていたが、四世紀の三国時代のころから中国風の漢字名が用いられるようになった。元代のころには、支配層として君臨したモンゴル人のような名前も付けられていた。

現在でも、「ハヌル」（空）、「セリ」（特定の意味を持たず、該当する漢字表記がないという）など固有語による名前も残っているが、そこにハングルではなく、漢字が音読みで当てられることもある。固有語による長い名前、漢語と固有語からなる名前（「世乭」。乭はトルと読み、石を意味する韓国の国字）や西洋風の名前、ダブルミーニングによる名前も見られる。

半世紀以上前の状況となるが、李應百氏が一九七〇年刊のソウル市内の電話番号簿を調べた調査結果を『資料を通して見た漢字、漢字語の実態とその教育』（亜細亜文化社、一九八九年）で見てみよう。この調査結果では、上位一〇字は次頁の上表のようになっていた。

順位	1	2	3	4	5	6	7	8	9	10
名前	美	賢	貞	善	淑	煕	珍	成	東	姫(姬)

トップ10には、儒教の徳目のような漢字が並ぶ。韓国の現代の若者から見ると、やはり昔の名前と感じるそうだ。がっちりとした字体、縦長の字や左右対称の字も目立つ。中国での流行とは重ならないものがあるが、「珍」「玉」は、貴重な、すぐれたといった中国の字義とニュアンスを保持しており、日本と違って人気が集まる。

トップ10のリストからも分かるように、一部で「美人大国」と称されるほどの「美」への希求の高さが、名前の漢字選びにも現れている。一方、女性には、「英子《ヨンジャ》」など「～子《ジャ》」のような日本風の命名もしばらく残った。創氏改名政策の影響が大きかったのだろう。「子」は、そのほかにも「蓮子」「花子」のように日本の影響で一時期多かったのだが、近年は激減した。

人名用漢字を管理する大法院（最高裁判所）の統計によると、二〇〇四～二〇〇七年生まれでは、男子は「ミンジュン」（二三〇四人。「ミン」は民・敏・閔、「ジュン」は衆・中・重などと表記）、女子は「ソヨン」（二八九二人。「ソ」は叙・瑞、「ヨン」は妍・娟などと表記）といった名前に人気が出ている。漢字表記は、戸籍には登録されている人がなおも多いが、戸籍制度は二〇〇八年に「家族関係登録制度」に変わった。日常生活では漢字表記は意識されなくなっており、名を聞いて漢字を確かめる人は稀だそうだ。北朝鮮では戸籍に相当するものからも漢字表記は消えたようで、その傾向が一層強いようだ。

日本でも人気の若い女性歌手グループ、少女時代、KARAやTWICEなどのメンバーの名前を見ると、「妍《ヨン》」（日本の漢字音ではケン）という字に人気があることがうかがえる。この字は美しいという意味を持ち、「妍を競う」などと使われる字であり、やはり美への志向が強いことが見て取れる。なお、日本では、自分の名前の漢字「美」を人に説明するのが恥ずかしいという声をときどき耳にする。

韓国から来た女子留学生からは、発音、つまり響きが可愛い名前に人気があるという話をよく聞く。日本と同じように、儒教道徳など既存の価値観や慣習から脱し、個々人の感覚へとシフトしているようだ。日本の韓流《ハンりゅう》好き女子学生からも、日本にはない音で可愛い、ハングルも丸くて可愛いという声がしばしば届くようになった。

八　名前にまつわる慣習──韓国編

韓国での名付けの慣習について触れておこう。中国古来の陰陽五行説に基づいて同じ世代の男子が同じ文字を共有する「行列字」は今でも見られる。「木・火・土・金・水」の含まれる漢字を共有し、子孫に、つまり次の世代へと順に付けていくのである。確かに「柱・根」「炅・熙」「垠・在」「鎬」「洙・泰」といったそれらを含む漢字は、よく名前に見かける。「洙」は「水」としても「木」としても用いられた。「木・火・土・金・水」を含む字に限らず、一族のうち同世代の者たちが漢字や部首を共有する命名（「系字」と言う。飯沼賢司「人名小考—中世の身分・イエ・社会をめぐって—」『荘園制と中世社会』、東京堂出版、一九八四年を参照）も根強いそうだ。

また、僻字、つまり滅多に使われない字や造字も見受けられる。日本のように、親の一字を受け継ぐという習慣はもともと一般的でなく、中国と同様にむしろ忌避された。先祖代々の老舗を子孫が継ぐということがまれなこの国の状況を、名前がよく表していると言える。先の少女時代というグループ名も、過去は関係なく少女たちの時代がやってきたという意味だそうだ。常に新しいものが注目されるのである。行列字のような一族ごとの名付けの規則も、次第に守られなくなってきたという。

日本より後に、人名用漢字が大法院によって制定され、追加を重ねて日本よりも多くの漢字が認められている。留学生たちには正式には漢字名を使うが、日常では民族の文字のハングルでしか表記しないという、現代の韓国人の複雑な意識がうかがえる。辞書のほか文字コードの関係もあるのか、「笹」「躾」のような日本製漢字も名に混ざっていることもある。

前述のとおり、「犯」が「聖犯」などと名前に使われるのも韓国の特徴で、これは人は原罪を抱えているというキリスト教の考えによるものだそうだ。仏教徒よりもキリスト教徒、特にプロテスタントの多い社会だからこそのことであろう。

「喆」は「哲」の異体字であるが、二重のおめでたを意味する「囍」に似たこの字はことに韓国で人名に好まれている。左右対称の字を好んできたことと関連するのかもしれない。この字を名前に持つ中国人は、実際に中国国内で韓国人と間違われていた。「姫」「性」「眠」など、他国ではあまり多く使われない字もこの国の名ではよく目にする。ただし、中国や日本のメディアでのことである。

ベトナムでは、男女それぞれ約一二万人ずつを数えた調査（https://hoten.org/100-ten-nam-pho-bien-vietnam/、https://hoten.org/100-ten-nu-gioi-pho-bien/）がある。それによると、男性は「Huy」つまり「輝」「徽」などの漢字音が最も多く、女性は「Anh」つまり「英」「瑛」などの漢字音が最も多い（ホアン・フーフォン氏による）。韓国と同様、発音からどの漢字かを特定することは難しい。

ベトナムでは戸籍を二〇二三年に廃止し、国のデータベースに移行したが、漢字表記ではなく、ローマ字（チュウ・クオクグー）で氏名は記されている。ベトナム人の八割を超す京《キン》族であっても、ベトナム製漢字であるチュノムでしか書けない固有語を名前に用いる人もいる。

第六節　日本に多い名字とは？

一　名字にまつわる日本の歴史

ここまで、欧米と東アジアの名字と名前を見てきた。それらを踏まえながら、ここから日本の名字へと移ることにしよう。

日本に住む人々には古くから、氏族の名称である氏《うじ》、天皇が与えた姓《かばね》を持つ者がいた。それらが次第に今の名字と共通する一族の称号へと変わっていき、また次々と新しいものが生み出されていった。

それらは漢字で表記されるようになってから、すでに一〇〇〇年以上の永い時が流れている。これを名字と呼ぶが、「苗字帯刀」などと「苗字」と書くのは江戸時代あたりからのことであった。「名字」と書くのは先祖返りといえる。

「苗」には、苗裔《びょうえい》（遠い子孫、末裔という意味）などで使われるように、血脈に関する字義がある。「苗字」というのは、「苗」に「ミョウ」という日本で「名」と合流した発音があることを考慮した当て字であるが、現在では「ミョウ」の読みは常用漢字表外音となっており、意味のつながりからも難しさを感じさせるだけに、「名字」よりも古い元々の表記と意識されがちである。

「苗字帯刀」が禁令などで制限されたにもかかわらず、江戸時代には、農民など、武士以外の人々がすでに名字に相当するものを非公式ながら持っていた例が多数知られるようになっており、今日では明治以前に多くの人々が名字のようなものを名前の前に付けて名乗っていたことが定説となっている。

明治時代に入ると、近代的な戸籍制度が整備されるとともに、皇族を除く国民全員が一転して平等に名字を正式に持つこととなった。当時、七〇〇〇万ほどあった世帯ごとに戸籍が編成されたのである。また、夫婦同姓という必ずしも習慣となってはいなかった風習も、明治になって曲折を経て制度化されるに至った。

二　名字ランキングの試み

一億二〇〇〇万人余りという現在の日本の人口は、減少し始めたものの、やはり決して少ない数ではない。億という単位は、かなり大きいということしか頭に浮かびにくいが、改めて小さなまとまりに分けて一〇〇万が一〇〇、または一万が一万も集まった規模と捉えると、その大きさをイメージしやすくなるだろう。

奈良時代には、人口はおおよそ五〇〇万人くらいだったと推測されているそうだが、その後おおむね順調に増加を続け、一九六七年に一億の大台を突破した。二〇〇八年をピークに減少しつつあるものの、それでも依然として一億二〇〇〇万人を超えており、中国と比べれば一〇分の一にも満たないが、世界の中でも一〇位くらいに入る大国である（世界の総人口は、現在おおよそ八〇億人くらいである）。

それでは、そうした日本人のうちで、多くの人口を擁する名字は何であろうか。

実は、日本では、政府が名字の統計を取ったことは一度もない。よくテレビ番組やWEBサイトなどで、名字ベスト10のようなそれらしいランキングが発表されているが、それらはいずれも民間の会社や人々が公的なデータの欠落を補うべく試みてきた結果が示されたり引かれたりしているに過ぎなかったのである。これまでに見てきたアメリカや中国・韓国などの統計とその公開の状況と比べ、文化や社会、歴史に対する行政の認識の低さが滲み出ている。これに抗議する納税者の声は民間のあちこちから挙がってきたが、電子的なデータが行政機関に存在しているにもかかわらず、また個人を特定するおそれもないのに、前例主義の慣行からかいまだにその活用の動きは見えない。

皮肉なことに、先のアメリカのランキング（本章第一節参照）では、日系人と思われる名字が散見される。もちろん、ローマ字綴りなので、他の国の名字が含まれる可能性はあるし、移民となって定住する際にアメリカ人としてふさわしいように、発音されやすいようにと日本式の名字を改めたケースも多い。ともあれ、そこから少し抜き出してみよう（左表を参照）。

単純に漢字に直すと、「田中」「中村」「山本」「佐藤」「渡辺」「鈴木」「高橋」「加藤」「松本」「山田」あたりとなり、米国内ではこの順で多いようだ。もちろん、ローマ字表記なので、元をたどれば「仲村」「山元」「渡部」「松元」などの名字も、ここには含まれていたのだろう。

順位	名字	人数
4160	Tanaka	7,887人
4203	Nakamura	7,821人
4289	Yamamoto	7,652人
4726	Sato	6,864人
5115	Watanabe	6,295人
6045	Suzuki	5,233人
6378	Takahashi	4,913人
6769	Kato	4,591人
6858	Matsumoto	4,520人
6928	Yamada	4,466人

このランキングは、読者の皆さんの実感と比べるといかがであろうか。続けて、下位のランキングでは、次頁の上表のような名字が目に付く。

「吉田」「藤本」は、確かに日本国内にもいるが、ランキングと比べたとき、その名字の人

順位	名字	人数
7814	Higa	3,925人
9340	Oshiro	3,202人

順位	名字	人数
7497	Yoshida	4,097人
10907	Fujimoto	2,678人

に実際に会う頻度については違和感を抱く向きもあることだろう。さらに、「比嘉」「大城」ともなると、おや、これは？　もしかして？　と感じる人もいることだろう。

なお、こうしたローマ字の綴り方は、パスポートによく記すようなヘボン式であったとしても、そして相手がアメリカ人やイギリス人であっても、「i」は「イ」でなく「アイ」のようになるなど望むようにきちんとは読んでくれないケースがある。さらに、ヨーロッパに赴けば、ドイツ人には「Sato」はザト、「Suzuki」もズッキ、フランス人には「Higa」がイガ、スペイン人には「Hojo」（北条）はオホ、イタリア人には「Chiba」はキバなどと読まれがちである。つまり、ローマ字は表音文字とはいうものの、各国の綴り方の規則に基づく個別の文字の機能の中に放り込まれてしまう。

また、一族や家を表す名字が、日本では個人を表す名前よりも先に来るのは、中国文化の影響とも考えられるが、英語にする時に抵抗感なく、むしろ積極的に順序を変えるというのは日本の特徴であった（かつて文化庁の「国語に関する世論調査」でも、問いを変えて続けて取り上げられた）。しかし近年では、欧米式に名前・

名字という順、つまり、

Hiroyuki Sasahara

式から、日本での順のままとする、

SASAHARA, Hiroyuki

へという変更が国を挙げて進められている。

三　名字の統計調査の歩み

このようなアメリカ当局による統計に表れた日本風の名字が、日本での大姓（数の多い名字）を反映していると見ることが、果たしてできるのだろうか。

ここからは、日本人自らが、日本に住む人々にどのような名字が多いのかを追いかけてきた苦闘の歴史を振り返っていこう。

明治初めの「壬申戸籍」（一八七二年）以降、国民全員の名前が公簿に登録されるようになった。続けて名字を国民全員が持つように義務づけられ、戸籍にも記載されるようになった。今では、戸籍（電算化が完了している）に基づく住民基本台帳もすでに電子化を完了しており、そのすべてが住民基本台帳ネットワーク（住基ネット）に接続されている。しかし、そこにある文字はともかく姓名に対する統計調査が政府の手でなされたことは、今に至るまでない。朝鮮半島など植民地において、現地で使われている名字の悉皆調査を行ったこととは対照的である。

明治の頃ならば、すでに個々の家の名字がどのような由来を持っているのかは、まだ伝承し得たはずであるが、日本の多くの家庭ではそれが受け継がれてこなかったことも指摘せざるを得ない事実であり、その関心は草の根においても低かったのである。

明治の末に、民俗学者の柳田國男は自らが多いと感じた名字を著作の中で挙げていたが、主観によるものであろう。氏族制度を研究した太田亮も、『姓氏家系大辞典』（国民社、一九四二～一九四四年）の昭和甲戌（一九三四年）の凡例において、「一氏」で「数千の苗字を起こせしものあり」と述べるにとどまる。

そうした寥々とした情報不足の状況の中で、戦前から、日本の名字についてサンプルを対象として捕捉しようとする意欲的な研究が始まっていた。後に洋学や辞書の研究者となる惣郷正明が先鞭を切ったのである。

第七節　名字ランキングを作った人

明治三年と八年に布告（法律）によって国民皆姓が実施されて以降、国家による日本の姓名に関する悉皆的、科学的な調査は全く行われない状態が続いた。地名に関しては、小字《こあざ》の類いに至るまで、振り仮名付きで書き上げさせ、政府に提出させたのだが、姓名の方は各自治体での戸籍簿への登録で終わっていたのである。

そうした状況の中、独力で手作業によって調査研究を実施するに至ったのが惣郷正明であった。英学や辞書の歴史の研究で名を残す、一九一二年生まれの研究者である。

彼は、「姓に現はれた民族の生活環境」と題し、『学士会月報』六二七、六三〇、六三二号に続けて成果を発表した。一九四〇（昭和一五）年のことである。

もちろん、個人の力では、すでに数千万人を擁した日本人の名字の全数調査など、できるはずがない。そこでサンプルとして、学士会員の名簿が選ばれた。惣郷自身も九州帝国大学法文学部を卒業しており、親しみの持てる全国規模の名簿だったのだろう。昭和一三年用「学士会員氏名録」には「四万四〇〇〇余名」が登録されていたといい、外地及び外国籍を除いて「四万九一八名」が集計対象となった。

一　日本初の名字調査

それでは、彼が調べ上げた成果を見てみよう。

漢字では、「田」「山」「藤」の各字が一五〇〇回以上使用されていることを明らかにした。ただし、一字目と末尾以外での使用、例えば三字姓などの中間での使用は数えていなかった可能性がある。名字は、出身地の村、大字《おおあざ》、小字名と一致することがあると指摘する。

そして、難読のものもあるが、「読み方は差し措き」、「内地姓」は「四十万内外」と種類を推定した。奇姓珍姓もあること、さらにまた、命名心理、命名嗜好にも触れている。

集計する中で、地方的な分布も見出すことになった。「伊藤、加藤は尾張に多く」、尾張の俗諺に「伊藤、加藤は犬の糞」と言うと述べている。犬の糞は、かつては道端によく放置されていて、普通に見られる光景であり、私も昭和四〇年代の都区部で、毎日のように目にしていた。袋を持ち歩くマナーの定着はむしろ新しく、「佐藤、斎藤」「甲斐、黒木」など、名字を入れ替えた同型のことわざが東北や九州など各地に伝わっている。

さらに、「鈴木」は関東に、「大西」は瀬戸内海沿岸に、「屋」を語尾に有する名字は山陽地方に多いなど、地域による偏りの事実が細かく明らかにされている。

二　明らかになったランキング

何よりも注目されるのは、学士会員の名簿に基づいて、日本人の名字のランキングが初めて割り出されたことである(左表を参照)。

一位となった「鈴木」は四三七人おり、一・〇六%(小数点第三位以下は切り捨てられている)を占めている。次いで、「田中」が四二三人、「佐藤」が三九六人と続く。

順位	1	2	3	4	5	6	7	8	9	10
名前	鈴木	田中	佐藤	中村	渡邊	高橋	齋藤	伊藤	山本	吉田

四位に「中村」が来ているが、これは「伊藤」とあるはずだったもののミスプリントだった、と惣郷自身が後に、日本語学者の柴田武に書簡で伝えたという。当時は計算をするにも電卓などなく、暗算か筆算、そろばん程度であったのだろう。また、八位に「伊藤」とあるが、これも同様に「中村」と来るはずだったもののミスプリントだったとの告白を手紙で受けたことを、これも柴田が戦後の論考(後述)で記述している。さらに「山田」も四位だったと柴田は記しているので、上位三位より下は、あまり当てにならないことがうかがえ、せっかくの労作が惜しまれる。この真相は、当時の名簿を根気よく検算してみれば、あるいは正確に電子化していけば分かることだろう。

異体字、異表記を分けて処理したのかどうかは判然としないが、ともあれ、大姓、つまりは人数の多い名字の傾向を数値で明らかにした功績

は大きい。惣郷はさらに、それらの名字を、東日本型と西日本型とに大別して、

・鈴木…関東、中部両地方に勝れて多く、東日本に八四％（西日本に残り一六％）
・田中…近畿以西に多く、西日本に五九％
・佐藤…東北地方に多く、東日本に七五％
・齋藤…東日本に八三％

などと計上し、「語尾で音読する藤」は東日本型であるなど、近年周知となってきた事実をこの時点で喝破している。

ただ、この時、「佐藤」姓が東北に多いことを指摘しているが、東北勢はなおも旧帝国大学への進学率が高くなかったことを標本の偏りとして加味する必要がなかったのだろうか。東北帝国大学の設置は、東京帝国大学、京都帝国大学より遅れて一九〇七（明治四〇）年のことであった。

三　特定地域の名字調査

惣郷の調査は、こうした鳥瞰的な観点にとどまっていなかった。さらに、昭和一〇年一二月現在の「衆議院議員選挙の有権者名簿」により、広島県豊田郡、加茂郡の三三町村に属する一万六六六八名を対象に全数の調査を行った。こういう資料を固有名詞の調査研究に利用できる、よき時代であった。こういうものが「個人情

報」の一部だとしても、こうした調査によって損なわれたことが何か一つでもあったただろうか。

そこは転入が少ない地域とのことで、「山本」が二九町村に見られ、人口も多いが、それでも〇・八五%に過ぎないこと、「高橋」「岡田」「渡邊」「兒玉」のほか「隠居」という名字などもあることを記す。名字の種類が多様性に満ち、重なりにくい傾向が読み取れよう。

名字はその「姓の発祥したと見られる同名の地点に最も多」い一方で、「逆の分布層を示してゐるものもある」とし（移住先で、出身地を用いるためであろう）、その歴史や分布に関しては一様に把握できないことが示されている。

具体例を挙げると、「乃美」は、乃美村出身であることを示すため、地名を姓に転化させたものとみる。「谷」を用いた名字が渓谷地帯に希少である一方で、「住居地の実際地形がそのまま姓に」なることがあるともする。また、興味深いところでは、「野の字を含む姓の分布の多い町村では反対に原の字を含む姓が少」ないこと、「森」は散在していることも指摘している。

国内では、このように、名字という多くの人から関心が寄せられ、かつ種々の情報の詰め込まれた固有名詞に対して、民間人による実態と背景を究明するための努力が戦中から始まっていたのである。

その頃、政府は植民地においては名字の全数調査を行っていた。朝鮮総督府では、半島の住民に対して名字の種類とそれぞれの人口などに関する悉皆調査を初めて実施し、結果もまとめ、書籍の形で報告、公刊している。

これに続いて戦後、日本人の姓名に対する調査は、どのように進展してきたのだろうか。意外な人物たちがこの難題に果敢にも挑戦していく。次節で明らかにしていきたい。

第八節　鈴木か、佐藤か――日本に多い名字とは？

一　一位は「佐藤」――柴田武による名字調査の苦闘

終戦後、日本国内で人口が多い名字に関する調査が進められていく。時代が変わっても政府が無策を貫く状況下で、より均質性の高い資料を用いた統計が試みられていく。

戦後間もない一九四八年に、「日本人の読み書き能力調査」が実施された。「漢字を使うために日本人は識字率が低く、それが民主化を遅らせているに違いない」というＧＨＱやアメリカ教育使節団の発想に端を発する調査だったという。しかし、この調査で明らかとなったのは日本人の識字率の高さだった。調査を担当した国立国語研究所の柴田武はローマ字論者だったが、ＧＨＱ側からローマ字化を推進するためにデータに変更を加えるように持ちかけられても、圧力に屈することなく学者としてそれを拒絶したと伝えられ、調査結果はそのまま公表された。結果として漢字廃止論の勢いを削ぎ、日本語のローマ字化を食い止めたことで知られている。

この調査は、日本人の比較的高い識字能力を明らかにしただけではなかった。調査では、日本全国の一五歳から六四歳の日本人男女のうち、物資配給台帳をもとに産業構造やラジオの普及率などから系統的にサンプルを抽出し、二七〇地点から二万一〇〇八人をランダムに選んでいた（このサンプル数は読み書き能力調査の実際の調査対象者・参加者よりも多い）。柴田は、これを姓名を調べる対象として見逃さなかった。目的外使用などという声は聞かれず、大規模な読み書き能力調査という「文化の国勢調査」に花を添える結果が明らかとなった。

サンプル数は多いとはいえないが、さすがに日本初の全国規模での一般国民に関する科学的な社会調査と統計と評されるだけあって、先の学士会名簿に対する調査（本章第七節参照）よりも格段に正確な状況を説き明かすことになった。

この姓名調査の結果を記した柴田武「日本の人名」（中村通夫編『講座日本語２日本語の構造』大月書店、一九五五年所収）によると、上位は上表右のようなランキングになる（この論文には、前節で触れた惣郷論文の誤植に関する私信も紹介されている）。

続けて、同順位で「小林」「斎藤」「中村」「伊藤」「高橋」が並ぶということになっており、戦前の学士会の名簿に基づく調査とは入れ替わりがあることが分かる。なによりも注目すべきは、戦前の調査で三位だった「佐藤」が、「鈴木」「田中」を抜いて一位となったことである。

順位	名字	占有率
1	佐藤	1.70%
2	鈴木	1.60%
3	田中	1.30%
4	山本	1.10%
5	渡辺	1.00%

順位	名字	占有率
1	佐藤	1.70%
2	鈴木	1.40%
3	高橋	1.30%
4	田中	1.10%
5	渡辺	1.00%
6	小林	0.90%
	斎藤	
	中村	
	伊藤	

そして、柴田は、東北地方に限るならば、八・三％が「佐藤」で占められていることも明らかにした。東北地方に伝わる俗諺「佐藤・斎藤、エン（犬）のくそ」を文中で引いている。

さらに彼は、「復員局名簿」を利用して、大姓、すなわち数が多い名字の実態に切り込んでいく。これは「復員局の好意で教えていただいたもの」だそうで、「一九四九年五月二日現在、未復員と認められた陸軍関係の軍人約三二万人を資料としたもので、よくあらわれる姓だけについて」調べている。経済的には貧しい社会であったはずだが、こういうことができる良い時代であった。この調査でも、佐藤が一・七％と最多だった。

ここに、読み書き能力調査のサンプルと高い相関関係があることが示された。柴田の言葉を借りれば、「読み書き能力調査の、第一一位までの一四の姓が、そのまま復員局名簿の第一三位までの一四の姓として含まれるほど一致しているだけでなく、パーセンテージもほぼ一致してい」るのである。質の異なる名簿を用いて、上位の結果の安定性と大姓の顔ぶれについて信頼性が補強された訳だが、二位以下の比率や順位には読み書き能力調査のものと微妙な違いがある。「山本」「高橋」などは順位の変動が大きい。

学士会員の名簿には「佐々木」「佐藤」「斎藤」に代表される東北・北海道の出身者が人口の割合に比して少数しか載っていなかったために、順位を歪めていたようだ。それらの地の国立大学への進学者や国立大学の出身者が少なく、標本としては偏りをもっていたのであった。

なお、ここには、激戦を経て人口の約四分の一ないし五分の一を喪失し、アメリカの統治下に入った沖縄（もとは琉球王国だった）に住む人々の名字は含まれていない。

二　名字は地域をよく表す

柴田は、強い関心をもつ方言研究の視点から、大姓の地理的分布にも筆を及ぼした。それによると、

- 佐藤…東北・北海道にきわめて多い
- 鈴木…中四国・九州に少ない
- 田中…東北・関東・中四国に多くない
- 山本…中四国に非常に多い

とのことで、惣郷論文での指摘とほぼ一致する。

また、特定地域での名字の分布の偏りにも触れていて、山梨県南巨摩郡西山村の奈良田《ならだ》では、「五〇軒近くのほとんどすべてが深沢姓だった」と述べる。ここは、関東において特異性の高いことばが用いられる場所として知られる地である。NHKの全国の方言録音テープの資料に現れた名字の記述とも類似しており、このエピソードの気付きと抽出は自身の経験ないし学界での伝聞によるものだろう。さらには、言語調査で訪れた八丈島末吉村（東京都八丈町末吉）で、「沖山」姓が全世帯

の五〇・四％を占めていた例に触れ、読み書き能力調査の結果でも、特定地域での姓の偏在に関していくつか指摘をしている。

- 渡辺…山梨県南都留郡下吉田町で、三八％
- 堀内…山梨県南都留郡大石村で、三四％
- 中島…長野県南佐久郡南相木村で、三一％
- 安斎…福島県安達郡川崎村で、二七％

こうした特定地域に、ある姓が多く見られる地点は、今ではいくつも知られている。集落全体、島全体ですべて、あるいはほとんどの住民が親類でなくとも同じ名字であって、学校や郵便配達などでは下の名前や屋号で区別をするといった話が聞かれる。

その一方で、北海道函館市の六二人は「すべての姓が違ってい」ると指摘し、北海道で名字が「もっとも散らばっている」のは「新しい入植地」だからとみる。反対に東北が「もっともかたまっている」のは「姓と土地との関係が深い」、つまりは「人口の出入りがもっとも少ない」ためとみている。ただし、それはネーミング時の社会や発想・表現の地域色も関連していそうである。名字は「地域をよく表わしてい」るというのはもっともな発言である。北海道から沖縄まで伸びる日本列島は、狭いようで長く広く、土地の起伏も激しく山河も多い。

むろん資料としては偏りはまだ避けられず、種々の限界があったが、大姓については、微差は現れかねないもののおおまかな現況はここに掴むに至ったといえよう。

ここで柴田武についての個人的なわずかな思い出を語っておきたい。氏はその後、方言学、言語地理学的な研究で活躍を続けられた。方言文字についても早くから言及されていた。亡くなる前に、筆者は一度だけ、国立国語研究所で催された会でお話をする機会に恵まれたことがある。方言文字を調べていると申し上げると、「あれ、たくさんあるんだってね」とおっしゃってくださったことが忘れられない。

三　一位は「鈴木」——満田新一郎の名字調査

続けて、大姓調査に名乗りを上げたのは、柴田武とともに名字の調査を行ったことがあった満田新一郎である。柴田論文公開の六年後、一九六一年に「多い苗字、多い名前」を『言語生活』一一八号に発表した。

満田はこの論文で「日本でいちばん多い苗字」が「話題に」なっているとし、「鈴木一位説、佐藤一位説」があることを紹介する。鈴木説は、戦前の「学士会の会員氏名録や、東京の電話番号簿を資料にしたもの」が裏付けとなっているという。「電話番号簿」とは後で述べる佐久間英あたりの調査であろうか。「あらためて最新版のものを調べてみても」、鈴木が一位となるという。

一方で、柴田が読み書き能力調査から調べたものや『職員録』（下巻、地方の部）を調べたもの（『婦人倶楽部』一九六一年四月）では、「佐藤」一位説が採られていると紹介する。大蔵省印刷局発行の「職員録の調査は、事実上私がおこなった」、「この発表を機にもう一度集計をやり直してみた」とのことで、柴田とともに大姓の調査を行っていたことがうかがえる。その資料には、「地方公務員など地方公共団体の主だった人の氏名が、都道府県別に」並べられていたという。「職業的にはもちろんかたよったもの」だが、「二〇万というサンプルの多さが魅力であり」、「だいたいその府県内出身者で占められている」と指摘する。ただ、「ムラがあって」「面積の大きい県」では名字の記載数が実際の人口比率以上に多くなり、たとえば「東北地方に多い佐藤」の「ウェイトが高くなってしまう」ために、「各府県のサンプルを人口に比例するように修正したうえで合計を出し、実態に近づけた」と、実勢に即すように調整を加えたことを明らかにしている。『職員録』はミスプリントも少なそうな公刊されている名簿である。

その結果、「わずか四〇人の差」という小差ながら「一位と二位が逆転してしまった」。上位のランキングは次頁の上表の通りである。

また満田も、名字の分布の違いに筆を及ぼす。「鈴木」は「関東の太平洋岸から東海地方にかけて大変多い」のに対して、「佐藤」は「東北地方に圧倒的に多いほか西日本の一部にも」分布があるとする。そして、「ところ変われば苗字も変わるもの」として、「各府県に多い苗字」

順位	名字	人数
1	鈴木	2,648人
2	佐藤	2,605人
3	田中	2,112人
4	高橋	2,036人
5	渡辺	1,799人
6	中村	1,701人
7	伊藤	1,608人
8	山本	1,561人
9	斎藤	1,476人
10	小林	1,465人

なども掲げており、調査が詳しく行われるようになってきたことが示されている。

ここでもやはり東北の人口が薄く、関東の人口が濃いようなサンプルでは、順位が逆転するという可能性がみえてくる。やはり都会中心、東京中心の資料と全国的にバランスのとれた資料とでは、サンプルとして質的、量的な違いが避けがたく生じるものである。これはテレビの視聴率調査を思い起こさせる。国内の地方の視聴者である数千万人がすでにサンプル地域からも切り捨てられているのである。

四　「鈴木」が一位――佐久間英の名字調査で

こうした雲をつかむような日本の名字の実勢に対して研究が重ねられていく状況の中で、一つの画期的なランキングが公表される。

東京都内で歯科医を営んでいた佐久間英が、全国の小中学校の教職員名簿（三五万人を収録）をもとに、そこに電話帳や職員録などを加味して、一挙に上位四〇〇〇位までのランキングを割り出したのである。ここには、復帰前の沖縄も含められた。教職員名簿は、おおむね全人口に比例して配置されていること、地元出身者が多いことが考慮され選ばれたものである。

七年半にわたって家族ぐるみで進められた検討の成果は、まず一九六四年に発表され、そこに修正が重ねられて一九七二年に『日本人の姓』（六藝書房）において最終版が発表された。ちょうど日本の総人口が一億人を突破した頃だった。世に「佐久間ランキング」と呼ばれ、これは、調査・順位付け方法の再現性という点で難はあるが、空前の功績となった。お嬢さん方と夫人も積極的に関わられている点も、男性ばかりが実施者となりがちなこの種の調査としては珍しい。この本は、筆者の通った都立高校の図書室にも配架されていた。

佐久間は、すでに「『名づけ』親子問答」（『言語生活』一一三号、一九六三年）において、職員録、電話帳、教職員名簿などで「名字や名まえを考現学的に調べる」試みに触れ、柴田武「日本の人名」に「ちゃんとしたデータが出ている」と讃えていた。

彼は宮城県仙台市の戸籍を全数調査するなど、良き時代に名字の調査に当たることができた人物であった。かつて学研から出ていた小学生向けの宅配雑誌『科学と学習』にも執筆していたことがあり、筆者も、新鮮なナール体（丸ゴシック体よりもデザイン化された写研フォント）で印刷された、氏の執筆による小さな付録の記事を読み耽ったものだった。

ここでは、その労作から上位一〇位までを紹介しよう（左上表を参照）。

順位	名字	人　数
1	鈴木	約200万人
2	佐藤	約190万人
3	田中	約130万人
4	山本	約90万人
5	渡辺	約85万人
6	高橋	約80万人
7	小林	約75万人
8	中村	約70万人
9	伊藤	約70万人
10	斎藤	約60万人

苦心の末に割り出された、全人口における名字別の人数は、「鈴木」が約二〇〇万人、「佐藤」が約一九〇万人ということで、再び、鈴木が一位に返り咲いた。当時、名字ごとに出生者数、死亡者数に激変があったとは考えられないが、国による悉皆調査がなされない中で、均等な無作為標本抽出（サンプリング）が日本の名字の実勢の捕捉に関していかに困難であるのかがよく分かる。一一位とされた「加藤」も、約六〇万人と推算されており、「約」という概数の上では一〇位で示された人数と同じとなっている。

ともあれ、他の漢字圏と異なり、漢字二字が基本的に多く、「すずき」「たなか」「やまもと」など訓読みが優勢であることが明らかである。一位であっても集中度が最大で二％程度と低いところも、他国とは異なる。
ただ、この「佐久間ランキング」に対しては、関東や都市部の人口が過大に評価されたなどとする批判も出てくる。一位を「鈴木」としたのも、その偏りのためであろうか。

国が行う国勢調査は人口や家の畳の帖数などを集計するばかりである。その後、コンピューターが実用化される時代を迎えて、また新たな展開を迎える。

第九節　民間の名字ランキング——日本に多い名字とは？

一　「姓名は生命」の時代へ

前節で示した「佐久間ランキング」は、名字の研究に一時代を築いた佐久間英が家族ぐるみで作成した手作りの成果である。佐久間は、「お名前博士《はかせ》」として世に知られたが、学位は医学博士《はくし》であり、東京都内で開業する歯科医師だった。名字そのものを専門として研究する者は、学者であっても、アカデミズムには身の置き所がなかなかない状況は、今も昔も変わりはない。

ともあれ、その公開を契機として、生命保険会社各社が、自社の顧客データから、上位の大姓（数が多い名字）について同様の集計を、こぞって公表するようになっていく。いわば「姓名は生命（保険会社）」という世の風潮を生み出す起爆剤となった点でも、佐久間による公表はエポックメイキングといえる存在だった。

無論、サンプリングなど算出方法にはどうやっても限界があり、サンプルの偏りを排除しきれるわけではなく、なおも隔靴掻痒の感は拭いきれないのだが、情報化時代の幕開けにより、必要に迫られて推進された電子化事業の晴れやかな副産物とはいえるだろう。

なお、それ以前に、日本工業規格としてＪＩＳ漢字の第１・第２水準を制定する際にも、生保各社の人名データは利用されていた。日本生命の「漢字コード表」（一九六七年二月）には二六二八字（うち、『新字源』に収録されていないものが八字）、同じく日本生命の「収容人名漢字」（一九七三年八月）に三〇四四字（同じく一六〇字）、明治生命（当時）の「漢字コード表」（一九七一年六月）に五三五五字（同じく四四三字）が収集されていたと、ＪＩＳ漢字の規格票には記録されている。大型計算機を扱う各社が姓名を入力するために作字を続けていたのである。

実際に、「日本生命収容人名漢字」は、『行政情報処理用標準漢字選定のための漢字の使用頻度および対応分析結果』と呼ばれる行政管理庁が一九七四年に作成したガリ版刷りの資料に転記され、ＪＩＳ漢字における第１水準・第２水準の字種の選定に大きく関与したという（『増補改訂　ＪＩＳ漢字字典』日本規格協会、二〇〇二年）。

ただ、その字種は、残念なことに契約者の名字や名前の漢字を網羅したものではなかったようで、たとえば秋田に多い名字「草彅」の二字目などは収められていなかった。この漢字は第３水準が制定されるまでＪＩＳ漢字に入らなかったために、ネット上などで今も外字扱いされる悪弊が続いてしまっている。

二　生保データ分析の嚆矢

第一生命の宮本外茂次《ともじ》は、『言語生活』一一八号（一九六一年）掲載の「人名の索引に困っている」と題した座談会において、被保険者約七五〇万件のカードの中で「佐藤三郎」という同姓同名が六〇〇名近くいると述べており、こうした集計や情報の整理がそのころ、社内では行われていたことをうかがわせる。

日本ユニバック（現ＢＩＰＲＯＧＹ（ビプロジー））の田中康仁は、コンピュータを用いた先駆的な調査を、「日本人の姓と名の統計」（『言語生活』二五四号、一九七二年）と「日本人の姓と名に使われる漢字」（同二六七号、一九七三年）において公表した。当時存在した東邦生命と第百生命の、カタカナで記された名字のファイルに統計的処理を行った結果、日本全国で六万以上の名字があると推定できること、また、「佐久間ランキング」や電話帳などの分析から、名字に使われる漢字三〇〇〇種ほどで人口の九九％を覆い得ることなど、興味深い数値が挙げられている。そして、国が予算や組織を準備すれば十分な研究が行えるだろうが、自分のようなコンピュータ会社の人間による調査では限度があるとの嘆きも記されている。サンプルとして使用した被保険者、契約者は、男性に偏りがあることも、みずから指摘している。

これらのデータでは、同じ人物が一人で複数の保険会社の名簿や電話帳、つまり複数の標本に名を出してしまい、重複してカウントされるケースも起き得るものだった。また、細かな集計・調査の方法が明確ではなかった。日本ユニバック（当時）の調査は、後に在野の研究者たちの成果も加えて、『日本の苗字』（日本経済新聞社、一九七八年）として刊行されるが、印字できない漢字を含むものは除外するという残念な措置が取られてしまう。ＪＩＳ漢字がやっと制定された年のことだった。

三　朝日生命ランキング

それでは、データによる人名調査で明らかになったランキングを見てみよう。一九七六年四月五日付「日本経済新聞」に、「できたぞ氏名番付」という記事が載った。そこでは、当時、朝日生命で原簿課長を務めていた松本明が、約一〇〇〇万人の姓名をカードからコンピューターに入れて分析した結果が公開されている。コンピューターへの入力にあたってはカナを漢字に変換するテーブルを用いたとのことであり、正確性はともあれ、ついに漢字表記の顧客データに基づく集計が世に示されることとなった。そしてここでまた、「鈴木」よりも「佐藤」のほうが多いらしいことが明らかになった。

「鈴木」よりも「佐藤」のほうが多いということで、前回見た佐久間ランキングとは一位・二位が入れ替わっている。「鈴木か、佐藤か」という問題は、なかなか一筋縄ではいかない。ベスト10は左上表のようになっている。

順位	名字
1	佐藤
2	鈴木
3	高橋
4	田中
5	渡辺
6	伊藤
7	小林
8	中村
9	山本
10	加藤

名字は約六万五〇〇〇種、「神戸」をコウベ・ジンコ、「長田」をオサダ・ナガタなどと読みで区別すれば約一一万四〇〇〇種だという。これは、日本ユニバック（当時）によるその後の調査でも、近い数値が得られている。

四　第一生命ランキング

一九八七年には、第一生命広報部が編んだ『日本全国苗字と名前おもしろBOO

K』（恒友出版）が出版され、そこに新たな上位二〇〇位までのランキングが掲載された（上表を参照）。これは、なおもデータの移行期にある時代を反映して元のデータがカタカナであったため、イトウは「伊藤・伊東」と統合されてしまっている。ほかにも「斎藤」（齋藤）と本来別字を用いた「斉藤」（齊藤）はもちろんだが、「山本」「山元」なども同様に処理されたはずである。

順位	名字	1,000人あたり
1	佐藤	15.83人
2	鈴木	13.32人
3	高橋	11.32人
4	田中	10.61人
5	渡辺	10.07人
6	伊藤・伊東	9.50人
7	中村	8.64人
8	山本	8.56人
9	小林	8.12人
10	斎藤	7.99人

先の佐久間は、「山崎」「山﨑」のような異体字を統合し、「ヤマザキ」「ヤマサキ」のような異なる読みも統合したが、こちらのランキングでは後者を分けている。そして、ここには返還後（一九七二年五月に本土復帰）の沖縄県のデータも含まれているとのことで、沖縄県に多い「仲村」が「中村」に統合されるといったケースも、けっこうあったことだろう。

一九八六年三月三一日時点での全契約者に限定されているが、一〇〇〇万人を超えて一一〇九万八八三三人という、日本の総人口の一割に達しようとするサンプル（ただし、二件以上の個人保険に加入している人をまとめると八三二万人）に基づく調査結果は、「佐藤」の優位をより一層印象づけた。

同じ生保のデータであっても、契約者の違いによって五、六位以下に揺れが生じていることが分かる。社ごとに顧客の多い地域といった差も影響したためであろう。

朝日生命ランキングと同様、「佐藤」が一位だが、調査ごとに差は避けがたく生じるものである。だが、この誤差をとらえて、世上では、佐藤さんの人口が増えた、鈴木さんを抜いたという話まで生み出されてしまうことになる。なお、興味深い逸話らしきものとして、五位の渡辺姓について、人名研究で知られる丹羽基二は、根拠は不明だが、渡辺姓には概して子が多く、人口が他の名字よりも増えつつあると著述に記していた。

五　明治安田生命ランキング

二〇〇八年には、名前の集計を公表している明治安田生命が、契約者六一一万八〇〇〇人を対象にして調べた上位ランキングを明らかにした（http://www.meijiyasuda.co.jp/profile/news/release/2008/pdf/20080924.pdf）。上表のように、やはりトップは「佐藤」で、全契約

順位	名字	占有率	推定人口
1	佐藤	1.57%	約199万人
2	鈴木	1.50%	約190万人
3	高橋	1.16%	約147万人
4	田中	1.06%	約134万人
5	渡辺	0.95%	約120万人
6	伊藤	0.91%	約115万人
7	中村	0.85%	約108万人
8	小林	0.84%	約106万人
9	山本	0.81%	約102万人
10	加藤	0.73%	約92万人

者に占める割合は一・五七％に達し、「鈴木」の一・五〇％をわずかに抑えている。ただし、先に述べたように契約者の地理的な偏りによって、「鈴木」の比率も変わってくるだろう。この比率を日本の総人口に当てはめると、それぞれ一九九万人、一九〇万人と、結構な差のあることがうかがえる。生保各社の得意な地域、つまり契約者の地理的な偏りはどの程度のものかによって、「佐藤」「鈴木」の比率も変わってくるのだ。

この明治安田生命の調査では、都道府県別の名字ランキングも明らかにされた。宮崎県の「黒木」と沖縄県の「比嘉」だけが、全国では上位一〇〇位以内に入っていない名字にもかかわらず、県内で一位となっており、地域性が浮き彫りとなった。

同社は、二〇一三年一二月にも、約五九六万人の契約者について同様の調査を行い、公表している（http://www.meijiyasuda.co.jp/profile/news/release/2013/pdf/20131211_01.pdf）。ベスト10の順位は五年前と同じだったものの、「佐藤」が一・五四％で推定人口一九六万人、「鈴木」が一・四七％で同じく一八六万人となっており、人口は当然だが、比率も、同じ社であっても時代によって変動の生じることが分かる。東北や関東に多い両者ともに減少しているのは、東日本大震災で被災された方々の状況と関わっているのかもしれず、痛惜の念に堪えない。

日本の文化や歴史、そして社会を表す姓の大勢に関して、こうした民間各社の顧客情報の積極的な努力による公表に頼るしかない現状は、ここまで見てきた、アメリカ（第一節）、中国（第二節）、韓国（第三節）など、他国の公式な統計と公開の実情と比べた時に、お寒い感じを免れない。姓の全容が誰にも分からないために、行政においても様々な不都合が生じ、国民に負担をかけ続けている（笹原『謎の漢字』）。

六　電話帳に基づくランキング

一方で、日本電信電話公社（電電公社）やそれを受け継ぐＮＴＴが発行した二〇〇冊にものぼる電話帳も、名字や名前の一大資料である。しかも、居住地も記されていた。無償で配布されていたため、全国分を入手することも可能であった。

そこに印刷された細かな活字をもとに、名字に関してはじき出されたランキングも現れるようになる。手作業により各種の集計を試みる人たちもあったが、その後、三〇〇〇万件余りを収めた電話帳が他の各社によってＣＤ－ＲＯＭなどの形で販売されるようになり、それに基づく調査結果が次々と公表されるようになったのである。

ただし、ここでも資料性と内容には制約がつきまとう。電話帳には姓名を掲載しない人も多い。明治以来、昭和初めまでの電話は、多くは都市部の住民のためのものであり、電話帳も同様であった。それから次第に全国に普及していったものだが、近年、迷惑電話やプライバシーの侵害が増加したため、特に都市部では掲載率が低下した。ことに若年女性の掲載は以前から少ない。

その一方で、外国人や本名以外の芸名なども載るほか、字体が独自の基準によって整理されてしまっている。そして、読みが不明確なのである。また、印刷物やデータの常として、誤植も全くないわけではない。ＣＤ－ＲＯＭ化など電子化された際のデータにも、種々の制約が加わって精度上の問題が残る。さらに近年では、固定電話から携帯電話への移行も急速に進んできた。ＮＴＴ自体の契約者も減少している。「ハローページ」だけに掲載をするという人もいた。こうした資料的な限界は避けがたいのだが、母集団が大きいだけに、名字については大体の傾向をつかむことができる。

熊本県在住の名字研究家村山忠重が、電話帳データを用いて三万位まで集計した「村山ランキング」（『別冊歴史読本　日本の苗字ベスト三〇〇〇〇』新人物往来社、二〇〇三年所収）は、一民間人の手で行われたものとしては、姓に関する大規模な調査である。そこでは、人数ではなく電話帳に掲載されている名字の件数が明らか

名字	件数	村山	佐久間	朝日	第一	明治安田
佐藤	456,430件	1	2	1	1	1
鈴木	403,506件	2	1	2	2	2
高橋	335,288件	3	6	3	3	3
田中	314,770件	4	3	4	4	4
渡辺	256,706件	5	5	5	5	5
伊藤	255,876件	6	9	6	6	6
山本	254,662件	7	4	9	8	9
中村	249,509件	8	8	8	7	7
小林	241,651件	9	7	7	9	8
加藤	203,101件	10	11	10	11	10

にされた。世帯数を推定し得る資料といえるだろう。ただし、先に述べたように、字体の整理（例えば「﨑」と「崎」は統合されている）や、読みが不明といった問題は残されている。「村山ランキング」のベスト10と合わせ、調査方法に違いはあるが、これまで見てきたランキングの順位も掲げておこう（上表を参照）。

「加藤」に代わって「斎藤」が一〇位に入るかどうかを除いては、上位に来る名字にそれほど大きな差のないことが分かる。

現在、ウェブ上には、同様の方法によって集計したランキングが数種公開されている。やはり一〇位に「斎藤」を入れるもの、また、五位・六位が逆転しているものもあるが、電話帳データによるものは、ほとんどこのような順位だ。

件数から独自に人数を算出しているランキングもある。多少の誤差は免れないが、「佐藤」「鈴木」の総人口は、ぎりぎりで二〇〇万人には達していないようである。

七　日本で姓によく使われる漢字

ＪＩＳ漢字について各種の情報を収めた『ＪＩＳ漢字字典』（初版。日本規格協会、一九九七年）でも、電話帳をもとに人名に使われる漢字を集計した結果を公表していた。それによると、ＮＴＴ電話帳（ハローページ、一九九六年）の電子データ三一二七万一一三六件においては、名字は一六万五五九八種（漢字表記と読みとが一種としたもの）、名前は八二万八〇四四種（同）となっていた（『ＪＩＳ漢字字典』所収のコラム一七）。使用漢字は五一五九種だが、ただし、これらは、数千種にのぼる外字を除いた数値である。ここでも、やはり「佐藤」が約四八万件で、最多であったという（同コラム三五）。

それでは、姓によく使われるのは、どの漢字なのだろうか。ＮＴＴのハローページに登録された姓の中で、多く使われた漢字は上表のとおりであった（同コラム一七）。

順位	名字	件数
1	田	4,641,468件
2	藤	2,255,121件
3	山	2,194,126件
4	野	1,686,896件
5	川	1,627,817件

ほかに、「本」「村」「井」「中」「木」「小」「原」も、一〇〇万件を超えていた。これによると、七人に一人は、名字に「田」を含むことになる。わずかではあるが、「田」一字で「デン」や「た」と読ませる名字さえもある。ここからは日本の名字に

は自然を表す漢字が多用されていることが分かる。地名から来たものが多いとされるが、実数はなおも不明である。

国の無策に対するこうした民間の尽力は讃えられるべきものである。しかし、前述した対象の性質から調査には量的、質的な限界がある。集計結果も努力の割に限定的なものとならざるを得ない。名字を社会的かつ文化的な事象としてとらえ、広く国民に周知させる義務が政府にはないのだろうか。社会や人間の動態を知る上でも重要であり、電子政府を構築する上で、行政上必要かつ意味のある情報であるはずである。やはりアメリカや中国、韓国レベルの、国による調査が求められる。

第十節　日本の名字と名前

ここまで、名字の客観的なランキングを作るために、先人たちがどのように刻苦精励してきたかを追いかけてきた。その全体像の見えない中での果敢な営為は、これまでの国の無策を浮き彫りにするとともに、日本の名字の多様性の一端を示すことになった。

ここでは、日本における名字や名前にまつわるその他の事象や問題について、種々の調査を踏まえつつ、一言ずつ触れることとしたい。

一　名字の種類

日本の名字は、世界でも珍しいほど種類が多い。丹羽基二は、さまざまな著書の中で三〇万種を超えていると述べており、大冊『日本苗字大辞典』では実在したのか未詳なものを含めて二九万余種を列挙している。珍しい名字と思われているものの中には、実は本名ではない芸名の類いや、誤認により生じた「幽霊名字」（森岡浩氏の命名）も存在しているのだが、それらを差し引いたとしても確かに多い。しかも芸名を本名に変えて登録し直すケースさえある（例えばかつて女優の水の江瀧子は芸名だった「水の江」を本名とした）。帰化する際に、新たな姓を作り出すケースも生じている。タレントのクロード・チアリの名字「智有《ちあり》」や、サッカー選手の「三都主《さんとす》」、料理店を営み、テレビでも紹介された「辺銀《ぺんぎん》」がその例である。

何事にも多様性が生じるお国柄であるが、名字を名乗ることを義務付けた、明治初期の「平民苗字必称義務令」の頃に、どうしてその名字が登録されたのかが、ほとんどの家庭で伝承されていないというのも日本の現実である。そこには、住んでいる土地に対する名付け自体の自由さがまずあり、その地名を姓に転用することが多かった。さらには、士族や家族などの制度からの影響のほか、漢字に訓読みがあり、熟字訓という方法さえも古くから多用されたこと、方言のように言語事象の地域などによる差が激しいことにも関わりがある。

日本では、学校で四〇人学級の名簿を見ると、四〇通りの名字が並んでいることが珍しくない。中国ならば、教室に三人ほどの王《ワン》さんが座っている（地域によってはもっと多い）。韓国ならば九人ほどの金《キム》さんが、ベトナムならば一六人ほどの阮《グエン》さんがいることになる。それらの国々では、そもそも同姓が多いために、名字で個人を区別して呼ぶようなことは最初から放棄されている。フルネームにしても、クラスに同姓同名が三人もいて混乱したなどという報道が中国であった。

わたしはナカジマです、と自己紹介のときに名乗る。「中島」か「中嶋」か「中嶌」か漢字表記は確定しない。「嶋」でも、列火（灬）を「一」のように一画で書くのが戸籍にある正式な字体だという人もいる。日本の名字は、何を一つと数えるか、単位が定めにくい。漢字や日本語そのもののもつ問題とも重なる面があるが、字体や読みの認定に揺れがついて回るのだ。

逆に「中島」と漢字で書かれた名刺を見ても、発音は「ナカジマ」か「ナカシマ」かは分からない（アクセントとなるとなおさらである）。後者には、東西で地域による分布の差があるのだが、あくまで傾向であって例外もある。そういうこだわりをもった人たちが集まっても、中国を訪れて旅行すれば、全部簡体字で「中島」となって、発音もzhong^{1}dao^3（ジョンダオ）のように中国語の読みで揃えられてしまう。漢字に関する日本のおおらかな多様化の方向と、漢字にも適用されてきた中国の厳格な一元化の原則に気付くことであろう。

二　希少な名字

個々に名簿などを見ていけば、驚くような姓に逢着する。「十」の「｜」を「亅」とはねた「モギキ」姓は、意外にも中世の文書に「丁」と書かれた名字まで起源が遡る。「橘」「冷泉」「金持」「牛腸」「毒島」「結城」「如月」「早乙女」「伊集院」「綾小路」などは、単なる記号といって済ませることが難しい雰囲気を醸し出している、と感じる向きもある。「村主《すぐり》」「藤原」など古代の氏姓《うじかばね》からの伝統を感じさせるものもある。同姓結婚に抵抗感はなく、さらにはその名字に憧れて結婚を決める女性までいるそうで、名字が人生を左右することさえも起こる。

「吉田」「𠮷田」には、異体字によって一族の出自（武士か農家か）を分けるという、中国ではあり得なかった漢字の細分化した運用を支える日本独特の意識も見受けられる。「斎藤」「齊藤」などには、異体字によって本家・分家を分ける家もあるそうで、さらに「斎藤」と書いて「ナカジマ」と読ませるようなケースさえあるという。実は手続き上、誰でもこのような読み替えは公的に可能となっている。さすがに、間もなく制約がなされるが、こういうことも、日本の戸籍や住民票などの制度や文字のもつ実情であり、古来の根強い漢字中心主義をここにも見出すことができよう。

「月見里」「小鳥遊」は、クイズのような読ませ方をするものとして一部で有名になり、ライトノベルや漫画の登場人物の名字に、安易ではと思われるほど重宝されていて、すでに実際の人口を上回っている。それぞれ「ヤマナシ」「タカナシ」と読ませるのだが、これらは明治の新姓ではなく、やはり近世、中世にすでに誕生していた。「服部」「長谷」「東海林」などは、日本の人なら慣れていたり知っていたりするから読めるのであって、その延長線上には常識を超えたものがいくらでもある。しかも、当事者にとってはたいてい至って自然なものなのである。南は沖縄(琉球)の名字、北は北海道のアイヌの方々の名字にも、地域色の濃いものが見られる。

「素麺」「豆腐」という名字は、家庭裁判所の改姓の審判記録で見かけた(その結果には、また一見不思議なものが見られた)。「髭」をわざわざ「鼻毛」に改姓したケースもあった。

「田《た》」のように、たったの一音節の姓の人も、特に西日本に見られる。それは方言の実情（一拍は長音にして読まれる）が関わってのことである。一方、漢字五字の姓も実在している。その方は、手持ちの印鑑を見せてくれたが、二行にまたがり、大きく立派なものであった。過去には、漢字七字で「上沼田下沼田沼田」という名字まであったとの記載が戦前の書籍にはある。しかし、それを追跡していくと、意外な文書に突き当たった（一三二頁参照）。

三　珍しい名前

日本では人の名前は、漢字が伝わる前、先史時代からあった。邪馬台国の「卑弥呼」はその一つの現れであるし（漢字は当時の中国人が思い付いて当てたもの）、奈良時代の戸籍帳に記された奴婢の名前には、後から当てられたような漢字表記が並んでいる。

珍名は、近年になって突如として現れたわけではなく、それなりに歴史がある。そもそも何を持って珍しいとするかは、慣れの問題もあって一筋縄にはいかない。古代の「赤人」「比羅夫」（奈良時代の発音なら「ピラプ（ブ）」）もよく考えれば、おかしな名前と思えてくるだろう。「くそ」のような排泄物を、万葉仮名や「屎」などと書き命名に用いることさえあったが、そうすることで子を病魔から逃れさせようとする信仰による幼名であった。見過ごしがちであるが、「悪源太」のように、字義や語義に変遷があったことも忘れてはならない。中世には、「五六八」という名の姫（「いろは」と読ませる）、キリシタンに「マリア」という名の女性たちも現れている。

長い名前は一般に関心を呼ぶようで、この話題になるとたいてい話の最後には落語の「寿限無」に意識がいってしまう。実際に、現代でも漢字を九字、一〇字と連ねた人たちがテレビ番組で紹介されていた。実は、名の字数には制限がなく、かつて、三〇字ほど漢字を並べた出生届も提出されたことがあったそうだ。そして、戦前には、前述のように「いろはにほへと」から「ゑひもせす」まで並べた女性の名前さえあったとの記録もあった。

親の一字を子に与えるケースのほかに、一族で代々、同じ一字を継承する家がある。これは、中国や韓国の伝統からすると、通常あり得ないことだった。むしろ中韓では、日常でも親の名前の漢字は皇帝の名と同様に使用が避けられて、同世代が共有する一字が親の名前とはバッティングしない形で定められたのである。家を継ぐという制度は共通であっても、そもそも家業まで継ぐかどうか、そこで親の業績を超えようと一般に考えるかどうか、といった社会的風土や精神構造にも違いがあるようだ。韓国では五行相生に従って部首を変えて名付けを行う風習が、なおも一部の族譜に残されており、名付けに見られる。ただし、五行の順と関係なく、五行の字が選ばれるケースも見受けられる。

四　名前の流行

名前には流行がある。男性の「…お」に「夫」と書くのは、江戸時代にはごくまれであり、長谷川一夫など、明治以降に急増したもののようだ。「昭」は、過去にあったものの昭和になってからしばらくの間、使う人が増えてはやった字であり、年齢を当てることができる場合がある。女性では、「子」が付く名前が一九四〇年頃の新生児では八〇％以上に付けられていた。近年では一％程度にまで激減していたが、また復活の兆しがある。「亀」の字は、そのイメージに加えて、長寿が当たり前のようになったこともあってすっかり人気を失った。人気の名前はランキングが発表されて話題となるのだが、これも名字と同様に、日本では民間会社が種々のサンプルを奇特にも細々と集計した結果なのである。

五　今どきの名前

ニュース番組や記事などから、女子なら「陽菜」「葵」「陽葵《ひまり》」、男子なら「大翔」「蓮」あたりが今、人気なのかと、大まかな傾向は分かる。しかし、名前の調査では、サンプルの少なさによって、別々の名前が同数となってしまうことがしばしば起こる。そのため複数の名が「一位」として示されたり、同類の他のランキングと順位や掲げられた名前に齟齬を呈したりするような状況が容易に現れてしまう。しかも、年末という発表時期のタイミングもあって、十一月や十二月生まれが入ることがなく、季節による偏りが生じていることも見逃されがちである。

二〇一四年にも、「椛」という字が女子の名前で最も人気となったとも読める記事がネット上で先行して発表されたが、続けて公開された明治安田生命のランキングでは、「椛」は一〇〇位にも入っていないというおかしな現象も起きた。いずれもこういう情報を何かを数えて公表するだけ立派であり、ないよりも絶対にありがたいデータとなるのだが、所詮はサンプリング調査に過ぎず、国が統計を発表しない以上、客観的に受け止めて、きちんと知るためには自身による観察と記述に努めることが必要である。

全国紙は、販売区域における赤ちゃん誕生の記録を載せなくなってきたが、地方紙ではお悔やみとともに地区での重要な情報として、日々紙面の一角を占めている。役所から新聞社にデータが送られるところもあると聞く。ある地方紙から切り抜きを送ってくださる方がいて、それをお悔やみ欄の名前と比べながら観察し続けていたのだが、確かに最近の赤ちゃんたちの名前は、昔とは大きく変わってきている。その他のデータを見ていてもそのように思う。

「翔」は、筆者が生まれた時代には人名用漢字に入っておらず、当然この漢字を用いた名前は皆無だった。今では、大学に、この漢字を使った名前の学生が増えてきている。「翔」を使った名前の男性は、イケメンという印象があるとも学生たちはしばしば言うのだが、それは字や発音の印象に加え、名付け親の志向性と環境、名付けられた子の意識や行動、周りの期待や受け入れ方によるところがあろう。そして何よりも一九八一年より前に生まれた人では「翔」を使った名前を本名とするものが原則としていない（それまで「翔」は人名用漢字に含まれていなかった）という現実によるところが大きそうだ。こうした名前のイメージの変化は実は激しく、今は当たり前の名前も、昭和の発言を振り返ると、水商売のようだと非難されているようなケースがいくつも見つかる。今どきの若者論、ことばの乱れ論と軌を一にする面があり、直感によるこうした即断は要注意である。

いつの時代にも、相対的に珍しい名前はあった。見かけない名前、読めない名前も存在していた。個人を識別しやすい名前は、むしろ好ましいと考えられる。ただ、それが近年、量（比率）の面だけでなく、質の面でも変わってきていることは確かであるようだ。

姓名判断と呼ばれる画数占いを名を考える際に利用する人が多い。運勢が良くなるようにと、与えられたリストに合わせて字画を調節するために、「汰」「憂」などを字義を考慮せずに、名付け親の趣意に反して選んで使うことの一因ともなってしまっている。付けたい名前が制約されたり、改変されたりするところにまで及んでいるのだ。画数をもとに、名によって付き合う人との相性を知ろうとする人までいるそうだ。

六　名付けの現在

「中国三〇〇〇年」といった、日本人の抱きがちな中国イメージを借りつつ漢字の神秘性と一体化させたキャッチフレーズとは裏腹に、画数を見る姓名判断の来歴は実はかなり新しいのだが、この事実はあまり知られていない。いつの世でも子の幸せを親は願うもので、江戸時代には、『韻鏡』に基づいて漢字の発音を考えて字を選ぶ、全く別の占いがはやっていた（中世にはまたそれとは違う反切という方法による占いや、字体も分解して意味を見出そうとする占いが行われていた）。それが廃れ、昭和に入って、熊崎健翁という占い師が、明治期ころに萌芽した占いを整理して女性雑誌に連載したのが、今の画数占いの直接の始まりであり、分かりやすさも手伝って世間に広まったのである。

だが、画数と吉凶の関連付けは根拠が明確でない。数字を用いるだけに統計だという話もあるが、それが事実だとしても調査時期も、サンプルの母集団や金運、結婚運などの調査方法も明らかにされたものを見ることがない。そもそも「流派」が複数に分岐してしまっており、一画で運命が変わるとしながらも、「くさかんむり」などは画数の数え方自体が本によっては三通りにまで分かれてしまっている。

二〇〇三年の暮れに、戸籍法のいう「常用平易な字」である「曽」が入っていないような「人名用漢字別表」（法務省令）は、「違法」、「無効」だとの決定が最高裁で下された。それを受けて、翌二〇〇四年には、人名用漢字に「苺」、「蜜」、「柑」、「（林）檎」、「葡」、「萄」などが一挙に追加された。この間に、法務省の法制審議会で親の要望に関する調査を担当して分かったのだが、「腥」「曖」といった漢字を字源や字義に俗解を加えたり、イメージを先行させたりして名前に使おうとする趨勢がある。あやかりも、アニメ映画の登場人物と同じ「雫」を子に付けたいというように、かつての尊敬する古人に対するものとは違ってきている。背景としてすでに古典や漢籍・漢文離れはあらゆる面で顕著である。その反面、手近なパソコンやケータイで変換して画面に出てきた「凛」がかっこいいので、辞書が正字とする

「凜」よりもこれを使いたい、といった新しい展開も現れており、見逃せない現代の動向といえる。

名前の「ララ」という読みには、近年では「星」などさまざまな漢字が当てられており、役所でも受理しないケースが報道された。「キラキラネーム」といった、直感に頼りがちな評価を伴うようなグループ化も、個々の内実は一定しないままに世に行われている。戸籍には振り仮名欄がなく、事実上漢字さえ制限字種を守っておけば読みは何でもあり、という制度の中で生じた状況である。そこには、確かに社会性に関する想像を欠く個人の直感に基づく恣意性の高いものではないか、と疑うしかないものも交じっている。「徳」を漢籍での使用に基づいた字義によって「のり」と読ませたような従来の名乗字とは、背景を異にしていることは明らかであるが、線引きを考えていくと制限をかけることには難しい面がある。

二〇一四年には、高等裁判所の判決を経て、人名用漢字に「巫」が追加されるという事案が報道を通じて話題となった（二〇一五年一月七日に正式に追加された）。この字そのものの印象を人々に尋ねてみると、神社の巫女さんが浮かんでかわいい、あるいは呪術師、祈祷師のような映像が浮かんでくる、と大きく二分された。

先に触れた改姓と同様に、改名もまた、「珍奇」といった厳しい条件や判例との合致が裁判官に認められない限り、行うことができない。親の願いや信念、考えを、自身のペンネームなどではなく、幼い子供の名前で体現させようとすること自体の可否も問われよう。かつての幼名ならばともかく、その子がやがては大人となるという事実も想像しなくて構わないのかと心配になるものもあるようだ。近年の名前のこうした劇的な変化には、社会的な属性との関連性も指摘されるところであり、実際に気になる現象がいくつか見出せる。

このように日本の名字や名前は、世界でも随一といえるほどの多様性がある一方で、顕在化しているか否かにかかわらず課題も山積している。他国には見られない日本独自の問題が、漢字・仮名といった文字の多彩さ、運用法の多様さと関わりつつ拡張しているのである。間もなく、戸籍で氏名に読み仮名が付される。命名をする際には名とは何か、自由度の高い日本語と漢字は名でどのように用いるのが良いのかを熟慮することが望まれる。

第三章　日本の姓名にまつわる伝説と検証

第一節　「上沼田下沼田沼田」という名字は実在したか

一　はじめに

姓（氏、名字、苗字）と名（下の名前）は、日本語の文法上の分類では名詞、特にその中の固有名詞に属するものである。

名詞であるとすれば、もとはたいてい何らかの意味を持って命名されたものであるが、使われていくうちに次第にその意味が忘れ去られ、また新たな解釈がなされることがしばしばある。中国や日本などの漢字圏では、姓名が漢字で表記されることが多いため、その意味というものが文字から意識されやすくなる。そこで使用される漢字は、とりわけ日本人の間できわめて大きな意義を持つようになっており、しばしば強い関心が寄せられる。しかしその割には、科学的な知見やデータを根拠に据えた分析があまり行われない嫌いがあった。

日本の氏名は、人口に比してそのバリエーションが豊富であることが、民間の様々な調べによってかなりよく知られるようになった（前章）。何事にも多様性を呈する日本であるが、そういう中で珍しい名前も頻繁に現れる。ただ、曖昧さを容認する傾向もあるためか、事実であるのか誤伝や都市伝説の類なのかがあやふやなままという話が多く残されている。

かつてお名前博士と呼ばれた歯科医の佐久間英氏は、「↓」「○」などの記号の名前や和歌を用いた長い名の姉妹などの戸籍を追いかけ、誤って伝えられたものという可能性が高かったことを突き止めて、『珍姓奇名』というハヤカワライブラリー文庫の中で紹介した。

本章では、その驥尾《きび》に付して、そんな氏や名が本当にあったのか、と疑われるほど珍奇なものを取り上げて、伝説的になっている情報の出所を押さえ、曖昧な記述を細かく検討し、その実在性に対する検証を行っていきたい。

二　長い姓

高校生の頃、東京都内の中野区立中央図書館でよく本を開いていた渡辺三男氏が著した『日本の人名』でだったか、荒木良造氏の著書『姓名の研究―附・難訓姓氏辞典、奇姓珍名集』(麻田文明堂、一九二九年)に、面白い名字が載っていることを知った。確かそのいくつかを級友に紹介していた。渡辺氏のその本は、後になって購入して読み直したところ、そこには確かにその戦前の名著が引用され、いくつかの氏名がそのまま転載されていた(何かエピソードのような補説があったような記憶もあったが、少なくともそこにはなかった)。

大学生になり、やっと入館できるようになった国立国会図書館で、待望の『姓名の研究』を閲覧すると、個々の興味深い氏名を列挙し、その情報の典拠をほとんどの項目で示すという堅実な姿勢と、各種資料を博捜していることに驚き、一気に読み進めた。

荒木氏の本は、他にも戦後に刊行された『名乗辞典』などを見ていたが、この広範な収集と、出典を明示しようとする方針とユニークな分類に強い感銘を受けた。そうしてその後、『姓名の研究』の復刻本（第一書房、一九八二年）を購入した（好評であったのか、二〇〇〇年にも刊行された）。

その特色ある内容にもかかわらず、この書物に言及した人は少ない。評論家の紀田順一郎氏は、データベースについて書いた本で、篠崎晃雄氏の『実用難読奇姓辞典』については紹介していた（この篠崎氏は魚名の漢字についても詳しかった）。博識の紀田氏であれば、荒木氏のこの本についても見識をお持ちだった可能性があるが、すでに大量の蔵書を処分してしまったという。

荒木氏のその『姓名の研究』の中には、「珍姓奇名集」という章立てがあり、そこに、

木曾木野小路　藤九郎左右衛門兵衛

など、いくつかの長い氏名が収められていた。氏名の切れ目が分からないようなものも載っている。その中でも強く印象に残ったのが、

上沼田下沼田沼田　又一又右衛門

であった。氏は「沼田」のかなり単純な繰り返しであるにもかかわらず、漢字だけで八文字もあり、下の名前もまた長めで全体としてくどい感じがする。「また」という発音も自然な形で反復させている。若狭小浜の藩士で、明治になると長すぎるために「沼田　又一」に改名したと説明が付されているのも面白かった。

これがいわば琴線に触れて記憶に刻まれてしまったわけだが、江戸から戦前期に記された数々の長い姓名の記録には、一切出てこない。その後も、戦前の雑誌や新聞などを調べていく中で、すでに触れた「いろはにほへと」から「ゑひもせす」までの長い名前の人の話などは見つかっても、「上沼田下沼田沼田…」は他の本や文献に見られない氏名だった。戦前に検事が珍しい氏名を集めた本があった。なかなか手に入らないものだが、それを紹介した記事などによれば、そこにもなかったようだ。

先に触れた、戸籍などで珍しい氏名の存否に関する実証に努めた佐久間英氏は、「勘解由小路《かでのこうじ》」と「左衛門三郎《さえもんさぶろう》」という長い氏の実在は説いていたが、この八字の

氏に言及することは一切なかった。ちなみに、現在、五字の両氏ともに数名はいるようで、勘解由小路氏には直接由来などを伺ったことがある。他に実際に会ったことのある人の中で、ひらがなの字数では、「東麻生原《ひがしあそうばら》」という人が最長である。半角カタカナならば濁点が一字分となるので十字に達する。

「上沼田下沼田沼田」には、『姓名の研究』刊行時（一九二九年）までの典拠がどこにも示されていない。話として何か面白すぎるように感じられることもあって、初めて読んだときから少々怪しい気もしていた。

初出文献は一九二九年ということで、すでに九十年余り前のものなので、著者に直接確かめる術もない。この姓に関しては、ネット上にも答えなど一切ない。この章の最初の対象として、この難題について答えに迫っていく。

なお、中国の「愛新覚羅」は満州族であるように、漢姓は概して短い（第二章参照）。

三　検証の開始

東京生まれ東京育ちの筆者にとって、直接のご縁があまりなかった福井県であったが、折しも県知事の方針で、地元出身の漢字学者の白川静氏が唱えた字源説を県内の公立校の漢字教育に取り入れ始めたことに伴って、教育委員会の方々が漢字教育の表彰を始めることになった。

白川氏や字源説、漢字教育とはやや離れたところにいる筆者であるが、担当の方々が熱心に講演会などにお越しになり、その委員への着任を慫慂《しょうよう》して下さる姿勢と熱意に打たれて、一度お引き受けし、期待に応えられるようにと懸命に役目を務めた。そのご縁で、気になったままだった「上沼田下沼田沼田」に関して、当地の先生に働きかけて頂いたお蔭で、小浜市の県立若狭歴史民俗資料館（現在は若狭歴史博物館）の方から、意義深い情報を送っていただいた。

『小浜市史』藩政史料編二（一九八五年）に収められた「安永三年小浜藩家臣由緒書」の中に、「下沼田　又市」などの姓名であれば存在する、という貴重な情報であった。世上では、ただ怪しいと言ったまま探究を放棄したり、推測を述べる段階で終えたり、面倒だと言って究明し得る事実を見捨てたりするケースが多いのだが、それでは曖昧なまま放置されることとなり、真実を知るためにはあまりにも惜しく、また研究者としては危うい姿勢であることが自戒された。

これが真相解明に向けた突破口となった。

四　現在の状況の確認

その後、二〇一三年に福井県内で講演をさせて頂いた時に、県内で私自身も詳しく知りたい話題として、「上沼田下沼田沼田」の疑問を語ってみた。それを聴いていた「中日新聞」の記者の方が興味を持って下さり、その内容を膨らませた長めの記事を書いて下さった。

二〇二三年一二月一八日のことで、中日新聞の子会社が出している福井の有力紙「日刊県民福井」にも載ったため、県内ではかなりの人の目に触れたようだ。実際に記事を読んだという人がいたほか、「東京新聞」などにも載ったためネット上で話題となったが、名字に詳しい方々を始め誰からも新たな情報は寄せられず、かすかに期待していた確証はここでは得られなかった。

福井県内では講演会を複数回行ったが、来場の方々、また教育委員会の方々、学芸員・司書の方々、そのほか地元や県内の方々からも新たな情報は得られずに終わった。その頃のＮＴＴの電話帳では、小浜市に一件、類似性のある姓の掲載があり、照会をしたものの関連は伺えなかった。

五　江戸時代の状況

太平の世が続いた江戸時代において、享保二〇（一七三五）年に、江戸の西丸大納言すなわち徳川家重（後の九代将軍）が、酔狂なことを諸大名に命じたことがあった。それは、それぞれに家臣の「怪姓名」すなわち怪異な姓名を書面で報告させた一件である。後にも先にも、権力者が珍しい姓名を職権をもって採集したことはなく、史上唯一の事例であろう。

京都町奉行所の与力を務めた神沢杜口（一七九五年没）の随筆『翁草』巻三八などに、この結果として、

松平備中守内　　平平平平（ひらたいらへっぺい）

のように、確かに面白おかしいものが多々記録されている。なお、国立国会図書館が所蔵する写本では、振り仮名が「ヒラタイラヘツヘイ」となっており、濁点、半濁点をあまり付けないその頃の慣習の実情も伺える。「平々」（ひらだひ（い）ら）という姓は、今でもあるのだそうで、その祖先であった可能性がある。

しかし、「上沼田下沼田沼田」については報告が収められていない。回答そのものの網羅性については不明であり、またここにすべての回答が羅列されたわけではなくて漏れてしまったのか。あるいはまだ江戸時代も中期の調査であったから、その姓は生まれていなかったことによるのだろうか。

六　一次資料に迫る

教えて頂いた『小浜市史』藩政史料編二を、しっかり調べるために、その後、小浜市教育委員会から購入し、じっくりと読み込んで調査をしてみた。

すると、先に引いた「安永三年小浜藩家臣由緒書」（一七七四年）のほかに、各年の「小浜藩家臣分限帳」に、以下のように直系以外の人も含め関連する姓名を見出すことができた。名字と名前とに分けて行を揃えるなど整理して示す。

文書の年代	姓	名
寛永一八（一六四一）年	下沼田	織部
万治　元（一六五八）年	沼田	安右衛門尉
寛文一二（一六七二）年	下沼田	又市
元禄　二（一六八九）年	下沼田	又市
享保一四（一七二九）年	下沼田	新蔵
寛政　六（一七九四）年	下沼田	又市
嘉永　五（一八五二）年	沼田	又市
	沼田	成一郎

江戸時代初期の一六四一年から幕末の一八五二年までの二〇〇年余りの間に、この一族の姓は、「下」を付けたり外したりを繰り返し、また名には「又市」「成一郎」などが見られた。なお、この当時は、文書で名の「市」の字を同音の「一」で記すような音通つまり仮借《かしゃ》がしばしば行われた。

こうした一族の姓名の変遷が「上沼田下沼田沼田　又一又右衛門」がいたという伝承の発生を誘発したのではなかろうか、という疑念が生じてくる。つまりは、実在した姓名によって生じてしまった誤伝という可能性が浮かび上がってきたのである。

七　先行研究との出会い

若狭熊川城に、城主として沼田光兼、沼田祐光らがいた。これと上沼田下沼田沼田との関連を推測する意見がインターネットに上がったのだが、この沼田氏は戦国時代に近江国に退出したとされており、福井でこの一族と姓は一旦途絶えていたようで、関連はないとみるべきだ。このようにある特定の詳しい知識がかえって結論を急がせ、誤らせることは稀ではない。

手掛かりが増えるのではとさらに調べていく。検索サイトのｇｏｏｇｌｅも使いようなので、短く「下沼田」だけにして、「小浜」とａｎｄ検索を掛けてみた。すると、赤見初夫氏に「下沼田豊前守と若狭国小浜藩の下沼田氏について」という投稿のあることを知った。何事にも優れた先達がいることはありがたく心強い。

その論稿は、群馬県の沼田郷土研究会が発行している『沼田万華鏡』の第二九号（一九八七年）に載っているとのことで、勤め先の図書館で検索してみたが所蔵されていない。そこで、再びインターネットで探索すると、幸いにも古書に出品されており購入することができた。

日本には各地に眼力のある篤学の方がいる。赤見氏のその論考によると、今（一九八七年当時）の群馬県沼田市下沼田町近辺から起こった下沼田氏が、戦国期に利根郡における有力な地侍となっていた（『加沢記』）。

近世に入ると、その名は文献に見出せなくなるのだが、若狭国小浜藩の藩士に下沼田姓の侍がいることを知り、調査をしたという研究成果であった。

『小浜市史』に載せる「安永三年小浜藩家臣由緒記（書）」から、初代の沼田織部助は上州下沼田の下沼田豊前守の子であり、三代目にいたって、先祖豊前守の時分には下沼田と名乗ったために、「下」の字を加えるように願い出たこと、その結果、復姓が認められ、

下沼田　又市信守

となったこと、一七〇六年に没したことが紹介されている。

その文章の末尾に、「由緒記（書）」については「以下次号」とあり、記述が続くようだ。そこで、さらにインターネットの古書店でこれを注文し、入手して読み進めてみた。

『沼田万華鏡』第三〇号（一九八七年）の同「（その二）」には、小浜藩の万治元

年（一六五八年）の「分限帳」に、

　七十石　沼田　安右衛門尉

が二代目とあったが、寛永一四（一六三七）年と同一七（一六四〇）年の「分限帳」に、ともに

　二百二十石　下沼田　織江

とあり、同一八（一六四一）年の「分限帳」でも、

　二百二十石　下沼田　織部

と「下」が加えられていたことを指摘し、それに関して推測が述べられている。

赤見氏は、丹念な検討を経て、「「由緒書」その他の資料」から小浜藩下沼田氏の系図を推定した。由緒書にある六代目「下沼田　又市信義」のあと、七代目「大介信道」（兄弟に「小次郎」も）、八代目「又市信行」（同じく「乾太郎」も）までを示した。この雑誌の第三一号には続編も前号の正誤表もなく、これで完結していたようだ。

なお、念のため述べておくと、地名としては上沼田町というところはない。一方、名字としては、電話帳ソフトの「写録宝夢巣」によれば、「下沼」は茨城に四件見つかるが、「下沼田」はない。

⿰氵⿱山干　⿱山汗

八　古文書による最終確認の必要性

小浜藩の「由緒書」は、先に引用したもののほかに、一六八〇年、一八一一年、一八五〇年、一八六四年にも作られたというが、市史には収録されていない（分限帳とともに年代不明のものもあるようで、明治期まで作られたという）。

名字では「沼田」から「上沼田下沼田沼田」に一旦は変更があったという可能性が残っているので、特に後年の嘉永三（一八五〇）年、元治元（一八六四）年に付け加えられた記載を見ておきたくなった。明治初期にはその八字であったと『姓名の研究』に明記されているためである。

それらは福井県の酒井家文庫にあるそうだが、インターネットで見られる「福井県文書館・図書館デジタルアーカイブ」ではヒットしない。

福井の教育委員会の先生方のお蔭で、福井県文書館・図書館にも訪問することが叶った。そこでは、「情報検索システム」の外字のリストも見せていただき、福井における歴史ある方言漢字つまり地域性を持った漢字の使用実態も垣間見ることができた。その所蔵資料には、福井市内の小地名に使われている方言漢字「⿱山汗・⿰氵⿱山干」（笹原『方言漢字事典』参照）に残る「どんど」の語義を示すものもあるようだ。

小浜藩士であったとされる「上沼田下沼田沼田」という幻の名字について、帰京後に、『小浜市史』と、前に引いた先行研究、そして福井県文書館・図書館のデジタルアーカイブを用いて、調べられるところまで調べを尽くした。

その結果、「下沼田」が「沼田」になり、また三字に戻り、また二字に戻り、という江戸時代の経過があり、その情報を戦前に至るまでの間に混乱して理解した人（あるいは意図的に改変した人）がおり、八字の氏だったという誤伝を生んだという可能性が高まってきた。

九　古文書による最終確認

ここまで重要な資料を捕捉し調べてきた。しかし、『小浜市史』の解説にある嘉永三年、元治元年の「小浜藩家臣由緒書」にも、沼田家ないし下沼田家について何らかの記載があるはずだ。したがって、そこも確認しておかなければ安心して結論を導き出すわけにはいかない。やっておくべき最後の確認といえる。

それらの「由緒書」は、「酒井家文庫」にしかないとのことなので、福井県文書館・図書館に所蔵されているものと思われる。しかし、撮影未了なのか、デジタルアーカイブではヒットしない（「嘉永　由緒」などでもヒットせず）。

教育委員会の先生を煩わせて、福井県文書館の方に調べていただくことができた。

嘉永三年、元治元年の「小浜藩家臣由緒書」は、デジタルアーカイブに書誌については該当があり、複製資料（マイクロフィルムからの紙焼き）で所蔵しているとのことで、下沼田家・沼田家（「上沼田（下沼田沼田）」家はない）関連の画像を送ってくださった。それらを確認すると、

嘉永元（一八四八）年　　下沼田又市　　改名仕度

元治元（一八六四）年　　沼田又市

と、幕末においては、「沼田　又市」となっているという記録が確認できた。

やはりこのような「下」を付けたり取り除いたりという着脱の繰り返しなど「改名」が、「上沼田下沼田沼田」という誤伝を生んだ要因であった可能性が強まった。

また、あれこれと検索しているうちに、インターネットの「ヤフーオークション」に「超珍品◇日本一長い苗字◇福井若狭◇酒井家◇小浜藩士宛◇書状◇下沼田又市◇消息◇古文書」という出品を見つけた。筆者の新聞記事を見て、思わぬ付加価値があるものと考え、このように情報を加えて出品した人がいたのであろう。現存する古文書には、実際に「下沼田」の姓が散見される。

さらに調べていくと、灯台下暗しで、勤め先の早稲田大学の図書館にもその「由緒書」として、安永三年のものの弘化三年写本と、文化八年のものの写本が所蔵されていた。早稲田大学の図書館システムであるＷＩＮＥシステムで、幸いにも画像

ができていた。それらによると、次のようになっている。ここまでに確かめてきた名とは違いや出入りも見られるものの、根幹の部分に矛盾はないようである。

初代　沼田　織部介
二代　沼田　安左衛門
三代　下沼田　又市信守　＊当代より下の字を加へ下沼田と名乗申候
四代　下沼田　善左衛門信英
五代　下沼田　又市信棟
　　　下沼田　又市信義　＊安永元年

三代目から姓の変更と「下」字の追加が始まっており、後の誤伝を誘発した可能性を示唆する。

四代目の長い名には、二代目と同様に「衛門」が含まれており、三代目以降の「又市」と合わさって後に「又一又右衛門」という誤伝を生み出す一因となった可能性も指摘できる。

また、以下の記述も見つかった。

文化八年　下沼田　大助□（にんべんに□（解読不能））道　又市惣領

そこには、「御上下一具之下置候」という句あるが、さすがにこうした文言が目移りを起こしたり誤伝を引き起こす契機になったとまでは考えにくい。

十　おわりに

ここまで、『姓名の研究』で紹介された「上沼田下沼田沼田　又一又右衛門」について地元の一次資料を含め種々の文献を追跡してきた。

戦国時代に上州下沼田に「下沼田」氏が実在しており、一族が小浜に移って「下沼田」を名乗る小浜藩士となり、その子孫がその後、「沼田」に改姓し、また子孫が「下沼田」に復姓し、さらにまた末裔が「沼田」に改姓するという変更を繰り返していたことは、史実として間違いないことが過去の諸文献から確認できた。

「下沼田　又市信棟」「下沼田　善左衛門信英」などの長めの姓名であれば、実在していたことも分かった。さらに「(下)沼田　又市」の類は、複数の人が実在していたことも確認できた。戦前に、荒木良造氏が得た情報が伝聞だったため、江戸期の表記の揺れを反映したものだったのか、「イチ」は「市」が「一」に変化していたものと考えられる。

こうした名字での漢字の追加、長めの名の実在が、さらに混淆を招いて一人の姓名と認識されるようになってしまうという誤解を誘発した可能性が指摘できよう。

そのようなことを故意にする人がいたとしたら悪戯が過ぎる愉快犯の類である。

「下」からは対義語の「上」の連想は容易である（文書には、「申上下之字」といった文言も見られた）。また祖先の出身地の上州の「上」も伝承の際に干渉してしまったのかもしれない。

改姓名の記録は、戦後に『家庭裁判月報』などに掲載されたことがあったが、無論、一裁判官が担当した事例の記録や主要な例の列記にすぎないので、明治初期の改姓名の実態は定かではない。ただ、ここまで史料などに基づいてなし得る限りの考証してきた結果、「上沼田下沼田沼田　又一又右衛門」なる者が存在して「沼田又一」に改姓名を果たしたという記載は、伝聞や伝承の中で生じた架空の話であったと断定して間違いないものと考えられる。

第二節　「雲」三つと「龍」三つからなる八十四画の「たいと」という氏は実在したか

一　はじめに

前節では、戦前の文献に出現した「上沼田下沼田沼田」という「名字」（姓・氏・苗字）は、現地に残された史料などを辿っていった結果、架空のものであった可能性が極めて高いことが明らかになった。

国家において住民の氏の総体がコンピューター上で把握できているアメリカや中国、韓国などであれば、少なくとも現在、正式な名字として存在するか否かは瞬時に判明するはずである。一方、日本ではどうだろう。それも廃止された名字となると、除籍簿の電算化や古文書の電子化などが完了しない限りは証明が難しい。

そういう状況の中で、よく画数が最も多い漢字・国字と称される字について、検証を加えておきたい。「雲」を三つ、「龍」を三つを重ねた、八十四画にも達する「𱁬」「𱁬」というもので、「たいと」「だいと」「おとど」と読む名字とされるものである。

これは、書籍やインターネット上などで、ときに名字としての実在性に疑問が呈されながらも決定打がないために、画数の最も多い漢字とされている。しかし、本当に姓にあったのかどうかという根幹部分が揺らいでいる。そういう曖昧な状況に対して、ここで終止符を打ちたい。

最も画数の多い字を知りたいと思うのは、知を追究する人間のもつ当然の要求といえるが、単なる好奇心を超えて文字学の面からは、人が日常生活において実際に運用する文字の形態上の上限を捕捉することは、筆記行動や認知行動の素材となるツールとしての漢字の性質を理解する上で大きな意味がある。また、名字の実用性やシンボル性、さらには人間のもつ文字観なども考えるための手掛かりともなる。

この字は、横線が多く、それらをつぶさずに表現するには縦に六〇ドット以上が必要となる。通常は一目で細部まで認知することはできないだろう。しかし、「雲」「龍」という既知の字の「品」字形の反復と累積による単調な構造をもつものであり、また「龍」のイメージの良さや格調の高い感じ、字形の安定性もあって、いかにも中国の漢字にありそうな荘厳ともいえるムードを抱かせるようで、人々の印象に残りやすい。読みも、なにか重々しい響きがあって、意味も即座に理解できない謎めいた雰囲気をもっている。

この字に関しては、実は形・音・義や出典、実在性についての各種の情報が随所で紛らわしく唱えられ錯綜している。この字についてこれまで理解していることや考えたことをまとめておきたいと思い立って、まず一九九二年に『開篇』一〇号という早稲田大学の学内の雑誌に、それまでの調査に基づき考察した結果のあらましを公開したことがあった。「画数に隠された意味―六四画の漢字とその背景」と題したもので、六十四画の三つの字に焦点を当て、その周辺にある字に関しても触れながら六頁に圧縮して書いた文章であり、そこにこの字に関しても出所や成り立ちなどについて必要最小限の情報を記述した。

それからすでに三十年余りの時が流れた。その間に、共同通信の配信記事を書いたものが各地の地方紙（「姓（名字・苗字）多様であいまい、八十四画も（新日本語ノート一三）」『熊本日日新聞』二〇〇二年四月一五日付朝刊七面など）で記事にしてもらった。また、著書『日本の漢字』（岩波新書、二〇〇六年）八六〜八八、一七二〜一七三頁に、画数の多い漢字としてこの字の情報の一部を紹介し、また三省堂のサイト（https://dictionary.sanseido-publ.co.jp/column/kanji_genzai081、082 2011.2.1,2.8「漢字の現在」第八一回「六四画以上の字」、第八二回「幽霊文字からキョンシー文字へ?」）、そして『漢字の現在　リアルな文字生活と日本語』（三省堂、二〇一一年）二四〜二六頁「六四画の漢字による当て字」などで言及してきた。

しかし、人々が日常で参照する「Wikipedia」などネット情報からは、正確で詳しい内容が知られないまま、むしろ大学生を含む一般の人たちには、メディアリテラシーの問題も関わって種々の誤解まで広がってきていること、さらにその後の新たな展開も現れてきたので、まずはここから最新の状況を文字の研究者としてまとめて記述してみようと思う。

二　八十四画の漢字の出現

漢字は、古くから象形文字があり、さらにそれを複数組み合わせるといった造字法をもつため、先秦時代の甲骨文字や金文にも筆画の煩瑣なものが生じていた（笹原『画数が夥しい漢字121』）。そして、楷書が成立してからも、そうしたものは輪を掛けて作られ続けた。六朝時代になると書道の発展もあって画数というものが強く意識されるようになる（笹原『謎の漢字』参照）。そうした中で、楷書が成立した後に辞書に載る字は、いずれも六十四画（一七五頁参照）を最大値として、その枠の中に収まるという原則があった。

おそらく六十四卦という易の思想・信仰の中に漢字も収められていたことによるのであると考えられる。易は儒教、道教に採り入れられた中国古代からの世界観に基づく占いであり、漢字圏においては外来の仏教さえもその影響を免れなかった。しかし、日本人が漢字を模して作る字すなわち国字やその場限りの創作漢字の中には、江戸時代以降、六十四画を超える字が次々と現れ始める。こうした文字も、広い意味では漢字の中に入れることができる。大きく分けて「漢字」には、中国製の漢字という狭義と、中国製漢字とその模倣により作られた文字という広義との二つの意味がある。後者の一つがここに取り上げる八十四画の字である。

ＷＥＢ上の「名字由来ｎｅｔ」には、「たいと」と読むこの名字は、全国でおよそ二十人いると明記されている（二〇二〇年八月二〇日現在）。しかし、この名字

𱁬

は現在、実在するのであろうか？　またかつて実在したのであろうか？　この疑問を解明するために、まずはこの字が現れた文献を時系列に沿って追ってゆこう。

管見によれば、この字は一九六四年に刊行された大須賀鶴彦編『実用姓氏辞典』（メーリング）に初めて掲載されたものである。その辞書の中で、尾形哲郎（日興証券株式会社勤務）「まとめ」（一頁「作られた字」とある）、本文（九七八頁）、凡例、索引に印刷されているのを見つけ、まだ高校生だった一九八一年までに確認して概要をノートに書きとどめ、大学に入ってからそれをコピーして情報カードに貼り込んだ。

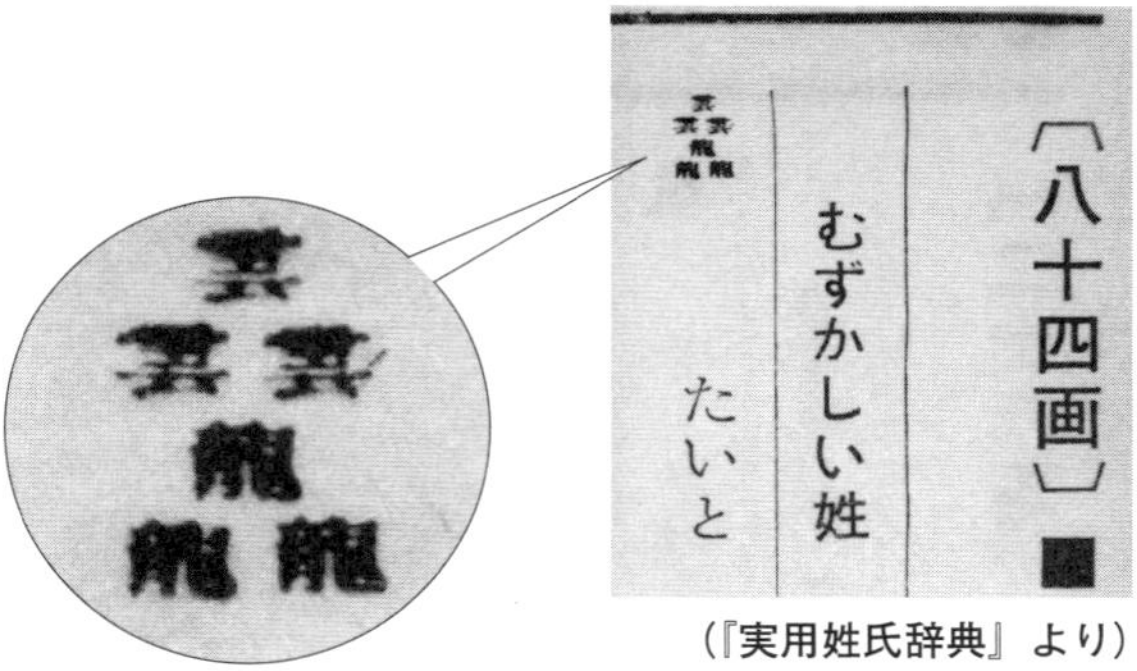

（『実用姓氏辞典』より）

この辞書は、日興証券株式会社協賛とあり、書中には、資料として「日興証券株式会社顧客・見込客名簿」が提供されたと明記されている点に注目しておきたい。これは「まとめ」にある一〇〇万枚近い氏のカードと同一か関連をもつものとみられる。画数順の辞書の本文の末尾に八十四画として、

𱁬　たいと

と収録された。「雲」と「龍」とが段を異にした上下に分離したタイプの字形であった。

三　八十四画の漢字の継承と紹介の始まり

「𱁬」という字は、続けて二年後の一九六六年に、東京電話番号案内局難読姓氏研究会編『ひきやすい難読姓氏辞典』（一二三書房）一八三頁と三一三頁に掲載された。この辞書の「参考資料」の一つとして大須賀鶴彦の『実用姓氏辞典』（前掲）が挙げられていることから、そこからの転載だと考えられる。電話帳ではないと考え得る理由として、一九九〇年頃にＪＩＳ漢字を改訂する委員会に提供されたＮＴＴ電話帳（ハローページ・タウンページ）の外字一覧に、この字がなかったことが挙げられる。なお、ＪＩＳ漢字の第１、第２水準策定の際には、日興證券の人名資料は使用されていなかった。

この辞典での字形は、「雲」「龍」が六つそれぞれ離れて配置されており、「龍」の上部が二つの「雲」の間に少し食い込んでいる（上図）。

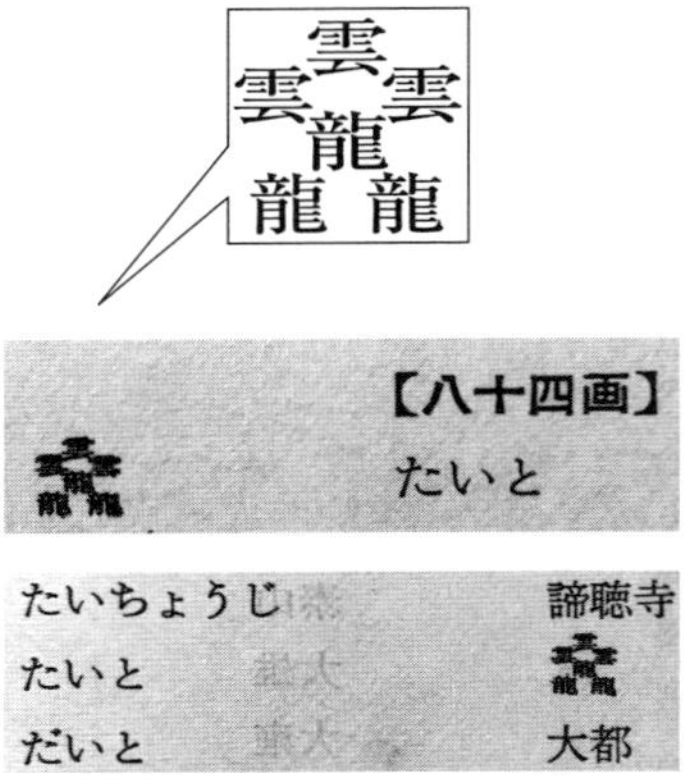

△食い込み開始。『ひきやすい難読姓氏辞典』（1966年）

同じ一九六六年に出た『言語生活』（筑摩書房）という雑誌の一七五号（四月号）で、国語学者の見坊豪紀氏は、連載「ことばのくずかご」五七頁において、

「最も画数の多い姓」として株式会社メーリング編『実用姓氏辞典』（一九六四年刊、改訂版は一九六五年刊）の「雲を三つ、その下に龍を三つ」の「𱁬」、読み方は「たいと」を早くも紹介された（左図）。これは『〈'60年代〉ことばのくずかご』（一九八三年　筑摩書房）二三頁に、ほぼそのまま再掲された。さすが「ワードハンター」、見逃さなかった。

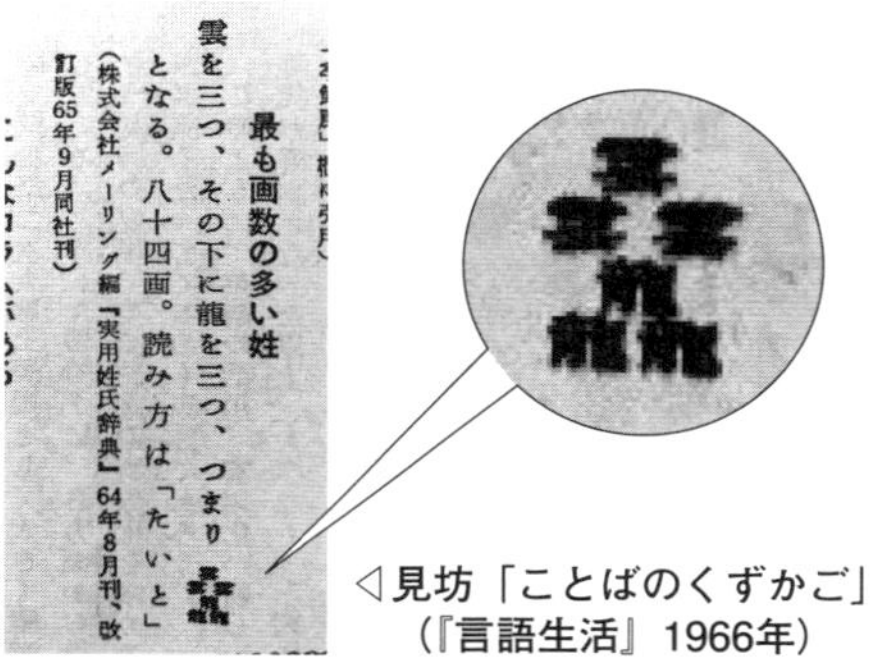

◁見坊「ことばのくずかご」
（『言語生活』1966年）

同じ雑誌で、一九七一年には二三五号で、東道鉄二氏の「字書にない漢字」四四頁において、今度は東京電話番号案内局『難読姓氏辞典』に「𱁬」「たいと」とあることが記された。原物での字形の食い込みはなくなっているが、五年前の記事と同じ活字を再利用したわけではない。「ほんとうにあるかどうか知らないが、あるとすれば、もっとも画数の多い漢字ということになるだろうね」と紹介されている。東道氏は、よく存じ上げている高名な日本語学者のペンネームである。これらの先人たちは、勤務先などでこれらの辞書に接する機会があったと考えられる。

このように、それぞれの辞書に載った八十四画の字は、雑誌などに転載されることによってさらに世に広まっていくことになった。

四　字体と読みの変化

一九七七年に、大野史朗・藤田豊編『難読姓氏辞典』（東京堂出版）二一三頁には、

𱁬　だいと

として収められた。名字（姓）に関する辞書としては三冊めとなるが、ここに至って、「龍」が「雲」二つの間に完全に食い込んで、「雲龍雲」の部分が横一列に配置された（左図）。

これは、小さい字で印刷する際に、これまでの辞典と異なり他の字とほぼ同じ大きさの正方形に字を収めようとすると、版面が真っ黒になって横画が潰れてしまうという事態を避けようとして、このように字体を変えた可能性がある。

△『難読姓氏辞典』（1977年初版）食い込み完了。濁点追加。

なお、これに先立つ大野史朗氏の『難読姓氏集成』（一九六四年序文　「農大図叢書」）には、この字はまだ収められていな

かった。

これには、筆者の中学生の頃の思い出がある。東京都内の書店の辞書コーナーで、この凄まじい字を見つけ、何度も立ち読みしてはゴシック体と明朝体の八十四画の字を確認し、興味の余りついに購入した。すべての漢字を載せていると信じていた『大漢和辞典』（笹原『漢字ハカセ、研究者になる』参照）に収められていないこの字について、どう位置付けたら良いのか、戸惑ったものだ。

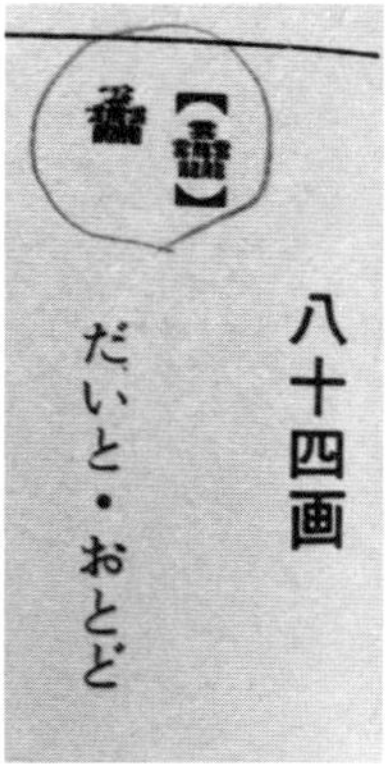

△（1978年第３版）おとど追加。鉛筆書きの丸は高校時代の筆者による。

そうやって入手した一九七八年の第三版（右図）で、読みが「だいと・おとど」となっていた。その直後に、前年一月に出た初版か同じく五月に出た第二版（再版）を書店や図書館で見たときに、「だいと」しかないことに驚き、「おとど」が第三版からであったことを確かめ、国字（日本製漢字の類）を集めていたノートに書き込んだ。

この名字の辞典では、一年余りの間に「おとど」という新しい読み方が追加されたのである。そのまま、例えば二〇〇五年の第一七版にも受け継がれている。

まずそれまでの二つの辞書での読みの「たいと」が「だいと」に変わっている。

想像をたくましくするならば、字面の重さから発音の印象の重い濁音にすげかわってしまったのか、あるいは大きさをイメージさせる字面や語感から漢語っぽさを感じ、「大」の音読みにタイとダイがあるという連想が影響してしまったのだろうか。どこかの地域での訛り、つまり方言漢字性があった（笹原『方言漢字』参照）という可能性が考えられなくもない。

さらに読み方に「おとど」が加えられた（詳しくは後述する）。これは転記ミスとは考えにくい。いよいよ形音義とも謎に包まれてきた。戸籍には振り仮名欄がなく、氏の読みは可変的ではあったが、この追加は何なのだろうか。口頭でのやりとりによる編者らの聞き間違い、記憶違いによる書き間違い、伝聞の間の話の転化、何らかの再確認の結果など、さまざまな可能性が想起される。

惣郷正明氏の『辞書漫歩』（一九七八年　朝日イブニングニュース社）二九一頁は、一九六四年の『実用姓氏辞典』から八十四画として「上に雲、下に章をそれぞれ三つ三角形に並べた一文字で「タイト」と読む」とした。「龍」を「竜」のように手で書いた原稿がこの「章」という誤植を招いたのであろう。一九八七年に東京堂出版から出た同名の本のその紙面では「章」が「龍」に直されている。

なお、「いちばん画数の多い漢字は？」（一六三頁）という項目では、中村正直氏

𱁬

が『山東玉篇』の序文で、子供のころ、字引から画数の多い字、「鳥」や「龍」を、三つ重ねた字などを探し出して切り抜き帳に貼って遊んだと述べているのを紹介し、古い『玉篇』に音はテツ、「かまびすし」と読む「龍」四つ、合計六十四画があったとも述べる（一九二頁参照）。

五　名乗った当人に関する証言の出現

一九八一年になって、名字の研究家であった丹羽基二氏が『姓氏の語源』四四一頁のコラム「まぼろしの難姓」に貴重な記録を残した。これも高校の頃に購入した。

「𱁬」は日興証券の客の約一〇〇万人のカードから出てきたもので、メーリングの『実用姓氏辞典』にあるとする。日興証券にある日突然一人の青年が現れ、一流株を大量に注文した。「お名前を」との問い掛けに「タイト」と名乗り、名刺を差し出したなどというエピソードとやや詳しい情報を記述し、この字について広く世に伝えた。書き方は、「三匹の龍が三片の雲を呼んで天に昇る形です」と答えたとする。意味、曰くともに一切不明で、何かの間違いではとも思われる、とある。丹羽氏は、著書などで問答体による分かりやすい説明を得意とした。

当時は、偽名でもこうした取引ができ、またこのような情報を取材し、活字で公にできてしまう時代であった。戦後に、「お名前博士」と呼ばれた佐久間英氏（九

𱁬

六頁参照）は、先に触れたように宮城県仙台市で全ての戸籍を閲覧して姓名を調査し、また多くの戸籍を役所や本人から取り寄せ、また照会したと著書に記している。

　近年、インターネット上で、にゅま氏がこの字に関して、独自に調査探究された労作「【ことば雑考】『たいと・おとど』考」（https://note.com/nedikes/n/n68adab56c54d）を発表した。氏が所蔵する一九八三年の尾塚疎編『日本全国　名前（姓）の読みかた〔50音編〕』（非売品）は、筆者が触れた記憶のない辞書であり、そのサイトで教えられたありがたい情報であった。そこにも「五角形型」つまり「𱁬」があり、その原典とみられる『難読姓氏辞典』とは違って、読みが「おとど」のみとなっていることを指摘する。

　この書についてはいま詳細が分からないので推測するばかりだが、これは編者の何らかの記憶違いによるものか、あえて一つを選び出したものではないだろうか。

　丹羽氏は、『苗字の謎が面白いほどわかる本』（二〇〇八年　中教出版）の中の「幻の超難姓」でもこのエピソードに触れ、偽名の可能性を指摘しているという。この本であったか、博覧強記の丹羽氏にあっても加齢のためか、あのエピソードに関する細部の記憶が変質している記述を目の当たりにしたことがあった。丹羽氏は二〇〇六年に亡くなっているので、もう確認することはできない。

𱁬

六　実在性に対する疑いの出現とその解釈

一九八六年に、篠崎晃雄が『実用難読奇姓辞典』（一九六七年　一九八六年増補新版）一六頁において述べるように、この名字が実在するという証拠は明確でないため、これを認めない立場も多い。

しかし、その後も、一九八三年に鈴木修次『漢字再発見』（ＰＨＰ研究所）（𱁬だいと）、一九八八年に渡辺三男「難読姓氏一覧」、同年の金田一春彦・林大・柴田武編『日本語百科大辞典』（大修館書店）付録一三二二（𱁬　だいと）など、諸書に氏として紹介され続けていく。

かつて日本では、氏名に造字や難読字を用いる行為が見られたのは確かである。しかし筆者は、この件に関してはかねてより、「たいと」という二字の仮名（Wikipediaなどで「けみょう」と読み仮名を加えて引用されることがあるが、当人の意図としては仮名口座などの「かめい」）であったのではないかと考えている。笹原『日本の漢字』八七～八八頁（初刷では「䨺」と「龘」の配置に誤植があった）に記したとおりである。

飛田良文監修・菅原義三編『国字の字典』（東京堂出版）には、一九九〇年に刊行された版まで、この字は収められていない。しかし、一九九三年の第五版で一七

𱁬＝䨺＋龘

六頁「増補」に、京都市の高嶋雅雄からの情報として『姓氏の語源』から「𱁬」が収められ、「漢字「䨺（たい）」と「龘（とう）」の合字。」との解説がここに付された。以後、例えば一九九九年の第七版でも同じである。

さらに言えば、この「と」ないし「とう」は、名字はなく下の名だったのではなかろうか。

タイと読む「雲」三つからなる漢字「䨺」の下に、トウと読む「龍」三つからなる漢字「龘」を書いた仮名《かめい》の氏ないし氏名（フルネーム）あるいは下の名ということである。それが口頭の発音による伝聞で「たいと」に代わり、そこから濁って「だいと」となり、さらにそこから語感に似た点のある「おとど」へと変化した。字体の面でも、字が一字へと縮約されていき、「龍」の部分が二つの「雲」の間に食い込んでいくという融合が進んでできた。そういう過程を経たものではないか。

この「䨺」は、一〇世紀には漢字として存在していた。『龍龕手鏡』巻一-六六ウに、この字に「徒罪反」（タイといった発音を示す）とある。朝鮮本系『龍龕手鑑』巻三-六四ウでは、「徒罪切　雲皃」と意味の注記が加わっている。『大広益会玉篇』中-八三オは「徒罪切」のみ、『五音類聚四声篇海』万暦版巻一四「雲部」一ウでは『玉篇』を引き「徒罪切　雲皃」となっていた。この一四-一ウと巻一四「雨部」

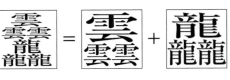

一〇オにある、下の二つの「雲」に「雨」がない字体に対しても、『類篇』等を引き「徒罪切」、「音兌　雲皃」と、やはり意味の注記が加わっている。「䨺」と音に共通点がある。

『康熙字典』所引『玉篇』では、「徒罪切音憝　雲貌」、『大漢和辞典』所引『篇海』では、「徒罪切」「雲貌」となっている。

一方、「龘」は、漢字では、『大広益会玉篇』では、「音沓（トウ）」「龍行也」とあり、『大漢和辞典』などにも収められている。

この字は日本で「ゆき」と読み、人名の名付けに用いられた形跡もある。文化六年再梓・明治四年増補再版『名乗字引』（早稲田大学図書館蔵版本。新野直哉「名乗り字一覧」『漢字講座』巻六（一九八八年）付録三五六頁参照）のほか、そうしたものの影響であろうが、大正時代の漢和辞典である栄田猛猪ら『大字典』（一九一七年　啓成社のちに講談社）二五九三頁や、昭和時代（戦前）の国語辞典である『大辞典』（一九三四年、平凡社）巻二五-九九頁に記載が認められるのである。

人名を電子化する際の需要にも対応したメインフレーム（組織用の大型コンピューター）などに用いられたメーカー外字としては、「」という字体が注目される。これは、日本電気の『日本電気標準文字セット辞書〈拡張〉』（一九八三年）などの

靉

一覧表に、読み方を伴うことなく、しばしば搭載されていた。

筆者は前述の一九九二年の旧稿（『開篇』）から述べているように、この二字の音は「たい」「とう」であり、合わせて「たいと」としたもの、あるいは合わさってしまったものとみることは、偶然の一致を過大評価していたわけではなく、実はもとは二字であったものが、ここまで具体的に示してきたことからもうかがえるように、「雲雲」の間に「龍」が食い込んでいき、一字化したものであるという可能性を改めて指摘しておきたい。

本名ではない難字の名前に触れておこう。「タイトウ」は、戦後に活躍していた美術家のペンネーム「靉《アイ》嘔《オウ》」に似た響きと字面の雰囲気もある。彼は母音の中から「あいお」を決めて、「「靉」は雲がたなびくさまで、「嘔」はサルトルの小説「嘔吐」から採った」といい、画家の「靉《あい》光《みつ》」の「靉」と同じなのは偶然であるとし、「それは辞書からです。僕は難しい字を選んだんですね。その当時、雲を描いていたんですね。エッチングを見れば分かるように。雲偏に愛で「変わった字だね」と思って。ともかく「靉」を選んだ。難しい字がいいだろうと思った。その頃、デモクラート（美術協会）は名前を変えるのが流行っていたんだよね。（一九五〇年代に）デモクラートに入ってからですね」とみずから語っていた（二〇一一年

http://www.oralarthistory.org/archives/ay-o/interview_01.php)。

「たいとう」の類の長音ないし「う」の脱落は、日常会話の中でしばしば経験するところである。以前、テレビ番組の動画でも、「諸島」という発音を聞いた女性が「しょと」と聞き間違える場面に遭遇した。

「たいと」「だいと」の「たい」「だい」という、おのおの音から、「大」を連想する人が少なからずいるのではなかろうか。また、「大ト」の「ト」は、古文書では「臣」の略記として登場する（『難字解読字典』などにも載る）。「大臣」の意の古語「おとど」が想起されて「おとど」が派生した、というわずかな可能性もここに書き留めておこう。また、戦後に「大臣《おとど》」という名の人がいると雑誌で報じられたことがある。

一方、中国では「雲龍」や「龍雲」という熟字も使われていた。前者は天子を指す語義がある。「三雲」は日本では「みくも」と読んで姓になっているが、中国では漢の宮殿の名称であった。

平安末期の国語辞典である『色葉字類抄』前田本の「乎（ヲ）」「畳字」などには、「蒙籠《ヲクラシ》　[illegible]曚　同」とあるが、これは直接の関連はなさそうだ（藤本灯『『色葉字類抄』の研究』勉誠出版、二〇一六年など参照）。

「雲龍」には天子などの意味があることと関連して、意味の連想が起こって「おとど」（大臣・大殿）や「たいと」（大都・泰斗）、「だいと」（大都）などの読み方が訓読みのようになって生じたとの推測もできよう（そうすると和語の「雲居」（殿上人）も関連しそうに思えてくる）。三つの語に「と」という音節や濁音が共通している点は、誤解や誤伝の表れではないだろうか。

全く別の観点からも考えられるのが、ことばや文字の面白いところであるとともに、難しい点でもある。二〇二〇年の一月に、日本漢字学会事務局の方から情報が寄せられた。文化財建造物に携わる仕事をされている茨城県に住む方からの問い合わせだった。

以前、一番画数の多い漢字として「たいと」という漢字がテレビかインターネットで取り上げられていたのだが、その「たいと」という漢字は、神社建築の部材である「大斗」の場所を表しているのだと思う、とのことだった。

根拠としては、大斗の上に雲肘木と呼ばれる部材が乗っており、大斗の下の柱に龍頭彫刻が付いている社殿もあり、正面から見た場合、大斗の上に三か所、雲肘木が顔を出し、その下の柱からは三頭の龍が見える形になるので、その漢字の形にみえると思う、とのことだ。

確かに偶然と考えるには一致点がたいへん多いため、その語を踏まえた造字であった可能性が感じられた。どの道にも専門家がいる多様な日本社会は、言語や文字の研究にとってもたいへん心強い。そもそも日本で作られた字には、字源において、ダブルミーニング、いやトリプルミーニング的な発想によるものが見つかることが多い。

ただ日本語は、音素の種類が少ないために、同音語が多く、また類音語はその数倍もある。雲龍のモチーフは、普遍性を帯びて各層に広まっていたのも事実である。そして神秘性・不可解さを帯びた語形は、隠語と同様に、連想により拡張される意味、裏の意味が想起されやすい。掛詞や物名が和歌の修辞法として認められ、また発展してきたこととも重なる。

漢字という文字もまた同様の性質を持っている。構成要素の反復やその組み合わせ、異様な形態と多すぎる画数といった構造は、一層日本人が抱くそうした連想の意識と不可思議な感覚を強化するのである（笹原『画数が夥しい漢字121』）。まして、「龍」という神性を帯びた霊獣を表す字が含まれていればなおさらであろう。

ここまでに考えられたこと、明らかにできたことを右記のようにまとめていたところ、折よく、読売新聞社からこの字について取材があり、二〇二〇年の一〇月八日の紙面の記事にこうした推理をダイジェストしたコメントが掲載された。

七　文字コード化の推進

この八十四画の字は、法務省の「戸籍統一文字」や、大手信託銀行の外字リストには収められていない。東京都の御蔵島村は、戸籍の電算化が行われず、最後に残った自治体であったが、先年ついに着手されて人口が数百人であるために速やかに完了したそうだ。そこには外字がほとんど見られなかったとのことだ。法務省の委員会において委員として国内の戸籍の複本データにおける全使用字について整理するための調査と作業に携わってきたが、そこでもまだ八十四画の字は確認できていない。

一方で、インターネットでは、画像などによってこの字が紹介されることは多く、電子化が進められた。文字検索ソフトの『今昔文字鏡』には一九九七年に六六一四七番として「𱁬」が登録され、それを受けた「超漢字」は、この文字が表示できることを宣伝に使っており、GT書体にも収録された。

ユニコードには、二〇一五年に『難読姓氏辞典』を典拠として追加提案が出され、二〇二〇年三月一〇日に、Unicode13.0でU+3106Cに「𱁬」が追加された。早速、メーカーによってフォントの試作がなされ、その宣伝広告記事にも利用された。この字にも、字形の異なるものがユニファイされており、異体字セレクター（字形選

択子）のＩＶＤ（Ideographic Variation Database）を用いれば「𱁬」という字形も区別して使用できる。ほかに低解像度のフォントなどまで開発されている（https://commons.wikimedia.org/wiki/Category:Taito_（kanji））。

なお、「龍」という字では、その一画目を縦にするか横にするかにこだわる人もいるが、成り立ちとしてはどちらでも問題はない。一時期、人名用漢字の字形からか使い分けが強く意識されるようになったが、国語政策では字体としては両字形を同一視しており、人名用漢字もそれに倣うようになった。

八　新たな使用の発生

八十四画のこれを、最も画数が多い漢字と称する話が一般に広まった結果、名字以外での使用例が着々と増えつつある。メタレベルと言える、引用以外での使用例を持たなかったものが、語と結びついた現実の社会での用例を増やすことで、文字としての性質と位置を確立していくのである。

ある予備校に、この姓からつけられた「たいと」と読むこの八十四画の名をもつ高校の教師兼塾の講師がいて、雑誌の取材にも応じたという（一九九〇年、一九九一年に大学院の先輩から教わった）。ただ、実際に神奈川県の大船にあるその予備校に取材に行ったが、そのような名の該当する人物はいないとのことであり、また

𱁬

その出所の人の話の内容が二転三転するそうで、又聞きの又聞きをしている先輩もそればかりを聞きにくいとのことで、追跡はそこまでとなった。

漫画では、古屋×乙一×兎丸『少年少女漂流記』（集英社、二〇〇七年　初出は前年の「小説すばる」）に、本屋で女子高生が広木棒一郎の『難読稀姓辞典』に八十四画の「𱁬」（タイト・たいと　もとは仏教で、雲を呼び龍に乗って昇天する象《かたち》）を見つけ、妄想して恋をする。そしてついに三頭の龍、三つの雲を操ってその苗字を持つ者が登場する。そこでは、パソコンで二〇〇二年の「熊本新聞」に載った記事（筆者が記したもの）を確かめる場面があり、かつては東京都の電話帳にも掲載されていた、とサイトにあると述べる。これは、「東京電話番号案内局編」という辞典の編者から、過度に情報を読み取ってしまったものであろう。筆者が種を蒔き、それが花を咲かせ、さらに筆者がここに摘み取るという循環が生じた。

そこでは、目次や本文、解説においては横書きでは一字だが、縦書きでは二字のような形で書かれたり印刷されたりしている。丹羽基二の『難読姓氏・地名大事典続』（新人物往来社）を参考資料に挙げている。

巻末付録の解説では、古屋が「面白い漢字」を作品に使ったと明かされている。たった一字がストーリーテラーを刺激し、二四頁の作品を生んだのであり、それが

またネットで紹介されるという別の循環も巻き起こしていたのである。この漫画を読んだという学生も現れた。

店名には、二〇一〇年六月に千葉県松戸市にラーメン店日本一を目指す「𱁬」（おとど。以後、高円寺などに支店ができる）、翌二〇一一年からは静岡県浜松市西区に四川料理（餃子）店「𱁬」（たいと。ネット上では「雲雲雲龍龍龍」と六字に分けた表示もある。日本一画数の多い漢字にしようとしての命名だったそうだが、現在は店名「初代しげ」）、東京都昭島市中神町にスナック（バー）の名前に「𱁬」（だいと。講義で教えていた大学生が行ったことがあるとのこと。二〇二四年現在は「ＤＡＩＴＯ」）と、二種の字体とともに読み方は三種とも出現した。これらは、ＷＥＢだけでなく雑誌などのメディアにも登場した。このバーは、他の二店より前の二〇〇七年に開業し、本（『ギネスブック』だという）でこの字を見て使いたいと思い、ネットでも確かめたものだとのことである。

ただ、いずれもロゴのような扱いなのか、「登記統一文字」には入っていない。

また、株式会社タイトソリューションという会社は、創業が二〇〇二年五月、設立が二〇〇三年四月といい、「社名の由来」として、毛筆で書いた「𱁬」を掲げて、「左は「たいと」という一番字画が多い国字（八十四画）です。たくさんの雲の中

𱁬

を勢いよく、龍が登っていくことから、広がりがあり勢いがあるなどの意味があります。そこに「Tight」「solution」を融合させ自他共に尊愛される企業としての願いを込めました。雲の中を勢いよく、龍が登っていくように日々、進化して参りたいと思います。」（http://www.taitosolution.co.jp/company/）と述べる。新たな意味が字面と読み方から生じていた。

なお、こうした画数が多い字を命名に利用しようと考える人はあちこちに現れるようで、「龍」を九つ書くという根拠のはっきりしないネットやテレビ番組、書籍での噂によって、その発音とされた「ゴッ」と名付けてしまったサッカーチームも見られた。

さらに、日本酒の銘柄にも、「酔鯨　ＤＡＩＴＯ　𱁬」という大吟醸が二〇一六年に現れた。日本酒銘柄には、龍を四つ書く「𪚥」（テツ）もあった。この「龍」を四つ書く漢字もまた、人名などに用いられたという話がいくつかある（後述）。

八十四画の字がまだユニコードになかった頃、「𱁬」と先祖返りのように二字に分字したハンドルネーム・ペンネームの類が続出していた。「星辰@𱁬」（アイコンは𱁬に基づくもの）、「𱁬」で「たいと」と読ませるキャラクター（𱁬星（たいとひかり）、「𱁬←これで「だいと」と読みます」と名乗る人のほか、さらには「𱁬」で「おとど」と読ませるハンドルネームがX（旧Twitter）上に現れた（@taitojyanaiyoともある）。画数が多いのがウリの字であろうが、これにあえて略字を自作して示す人までいた（ビアンビアン麺のビアンにも同様の試みがなされた）。

そして前述のようにユニコードに採用されたことで、この八十四画の字を入力して使う人が随所に現れはじめた。フォントのさらなる整備に伴い、今後、使用者がいっそう増えていくことであろう。

この八十四画の字は、商標登録も二つなされている。

一つは、前記の酔鯨酒造株式会社によるもの（二〇一六年）、もう一つはそれを二重の亀甲（六角形）で囲んだもので、中華そばの麺などを扱う越智商事有限会社によるもの（二〇二〇年）である。称呼（参考情報）は、それぞれ「ウンリュー、クモ、ウン、ウンリューウン、リューリュー」と「タイト、ダイト、オトド、ウンウンリューウンリューリュー、ウン、クモ、ウンリューウン、ウンリュー、リューリュー」だそうだ。

手書きの時代であれば、狭い欄に「鬱」のような字を書こうと思うだけで嫌気が差す人が多かった。より稠密《ちゅうみつ》な字など、あまり現実的な字でないと直観的に感じていたはずだ。そういう中では、「鬱」の二十九画は、実際に生活上で使用する際には生理的、心理的、そして物理的な上限であったといえよう。

しかし、字を個々人が機械で打つ時代になって、ネット上でこうした字を見つけて、インパクトを感じ、画数が一番多いということに凄さやロマンを感じて、店名など固有名詞に取り込む人が続出しているのだろう。手書きはたまにしかしないので、さほど煩瑣《はんさ》には感じない。そういう手書き減退の時代だけに、その煩瑣さに逆に誇りを抱くのである。子供は昔から画数の多い字に好奇心を抱きがちだったが、今でも各地の小中学校などでは、こうした現象が、もしかしたら昔以上に各クラスで起きていると想像され、実際に見聞する。

このようにして字の持つ本当の歴史の確認よりも、手っ取り早く目に入り手にも入るネット情報を信用し、見た目のインパクトを歓迎しているわけだろう。「曖《あい・ほのか》」「腥《せい》」などの名付けにも見られた「表イメージ文字」化（笹原『日本の漢字』参照）がここにも起こっていたのである。こうして皆に使われることで、もはや幽霊文字という位置から格上げされて、個人文字、そしてあちこちで使用され認知される集団文字（位相文字）となるに至った。

先の「読売新聞」では、筆者に取材してくれた伊藤記者によって、「読売新聞オンライン」(2020/11/21 19：05 https://www.yomiuri.co.jp/life/20201030-OYT8T50053/）にも、さらに詳しい「辞書になかった最多画数の漢字「幽霊文字」の怪…「タイト」さんをご存じないですか？」という記事が出され、本節の元になった連載にも触れてくれた。私はそこでも協力させて頂き、追加のコメントもした。後日、Yahoo!ニュースの「ライフ」トピックスでも公開された。こうしてさらに多くの人々の目に触れることで、この字に対する認知度はより高まったので、自分も探してみよう、そして使ってみようという人が新たに現れることであろう。

WEBサイトを見ていくと、「肉玉そばおとど　創業六十五年」「東京名物　肉汁𱁬（八十四画の商標に「おとど」とルビ）餃子」、「東京名物　𱁬（八十四画の商標に「おとど」とルビ）餃子」ともあり、ついに文字列の中でも使われるにまで成長したことが見て取れる。商品名とはいえ、いっそう文字らしさを獲得したと認められる。

九　おわりに

以上、八十四画の「字」の出現時の状況を詳しく確認し、その後の展開を見てきた。

派生と変遷は、以上のように実に多岐に渡っていた。日興證券ではすでにこれに

轟　驫

関しては何も分からなくなっているそうだが、ここまで突き止められた事実に、合理性を持つと考えられる推測を含めてまとめてみると、次のようになる。

「たいと」から「だいと」「おとど」と読みが変化し、また一部では、累積してこれら三種の読み方があるという認識を生んだ。このうちの「おとど」は、発音の類似性と語義のイメージの接点による混淆《こんこう》から生まれたものではなかろうか。また、「轟」「驫」からの連想という、にょま氏の指摘も傾聴すべきである。

二字　↓　一字

一字化が進み合字になったのは、一字分に収めようとして印刷の都合で食い込んだためか。

たいとう　↓　たいと　↓　だいと　↓　おとど

音読み　　訓読みと意識

長音の消滅　　濁音化　　転倒・混淆

「大」の連想　　「大(臣)」の連想

こうして生成され、さらに派生を生んだ八十四画の「姓」は、戸籍上の名字（氏）

ではなかったと考えられる。すなわち幽霊名字、幽霊姓・名だったものであり、それがおそらく誤った合字化を経て一字と認識されるようになり、根拠を持たない幽霊文字となったものであった。

そういう誤認に基づくとみられるいわば誤字であったが、複数の人々が字形、字訓に転化と派生を起こした。それらがまた別の使用者たちによって、あたかも正字のように扱われる機会を得た。そして、ついに公的な組織によって標準化までなされ、文字として認められ、文字コードが与えられるにまで及んだものであった。

かつて、国語学者の大槻文彦氏は、明治の初めに英語の接尾語の「-tic」に対して、無理を通して白話小説の「的」を当てた知人の駄洒落のような思い付きが、翻訳に便利だといって世に広まっていったことについて、嘘から出たまことと嘆じ、自身はこのような「的」を使わないと宣言した（『復軒雑纂』）。しかし、実際には彼も時代の流れに抗しきれなかったのか後に自らの辞書に収め、自分でも使うようにまでなった。悪貨と思ったものであっても良貨を駆逐するのである。

この八十四画の「字」も、昭和の後半期以降の半世紀余りの間に、何人もの人たちの手によって、最初に名乗った本名の知られていない当人も想定しなかったであろう大きな展開を呈するに至ったものであった。

第三節　「龍」四つからなる六十四画の漢字「てつ」を用いた名は実在したか

一　はじめに

ここまで、漢字八字からなる長い氏「上沼田下沼田沼田」と、「雲」三つと「龍」三つからなる八十四画にのぼる画数の多い氏「」「」（「たいと」「だいと」「おとど」）は、実在した可能性がまずないということを、確認し得た証拠に基づいて説いてきた。

それでは、日本で実際に氏名に使用された長い氏には、どういうものがあるのだろうか。これについては六字の氏があったといった話もあるが、すでに述べたとおり五字からなる「勘解由小路《かでのこうじ》」と「左衛門三郎《さえもんさぶろう》」の二つが現在、最長であることがほぼ判明している。かつては「正親町三条《おおぎまちさんじょう》」もあったというが、明治維新後の明治三年に、家名を「嵯峨」に改姓している。読みの拍数では「東四柳《ひがしよつやなぎ》」なども、「左衛門三郎」と並んで八拍となっている。

この先、すべての戸籍に記載された氏名に、読み仮名をカタカナで付すことになる。筆者はそのための部会の委員でもあったが、制度設計のために、あらかじめこうした上限を押さえておくことは意味のあることであろう。下の名では、漢字十字

麤

に及ぶ名をもつ男性が以前、テレビで紹介されたときに、免許証では字が溢れて、裏面に手書きで追記されている状況が映し出されれていた。

一方、画数の多い漢字には、どのようなものがあるのであろうか？　ここからは実在した字について紹介していきたい。

現状では、「戸籍法」と法務省令によって、子には常用漢字と人名用漢字の合計二九九九字が名付けに使えることとされている。その中には、「鬱」という字が含まれており、二十九画に達するが、子の名に選んだという例を聞かない。親鸞の「鸞」は三十画であるが、これらには含まれていない。現代の学生たちの名前には、「鷹」「麟」という二十四画の字が散見され、これが事実上の上限となっている。

二　歴史上の人名に使用された画数が多い漢字

「戸籍法」が子の名に使用できる漢字の字種を制限するようになるのは戦後のことであり、それ以前は事実上自由であった。そのため、中国から入ってきた画数の多い字を命名に使うことができたし、新たに国字を作って用いることも可能であった。さらには、過去のテレビ番組などによると、「Ａ」や「１」なども使われたようだ。

ただ、実際には江戸時代中期までは、「麤」という三十三画の字を使うものが、

麁

𪚥

例えば古くは「物部麁鹿火《もののべのあらかひ》」のようにあったくらいで、さほど驚くものは見つからない。この字は「粗」に通じ、「麁」という異体字で書かれることもあった。この上部にある「々」が日本製の繰り返し記号に似ているが、もともと中国製の字体であるため、偶然に過ぎない。

ところが、幕末に至ると、「𪚥」という「龍」を四つも書く字を名に用いる例が現れる。それは明治前期の政治家で早稲田大学文学部の設立にも尽力した、小野《おの》梓《あずさ》その人である。その幼名は、

𪚥一（てついち）

であった（『小学館日本大百科全書』にも載る）。このことは、小野梓の諸々の伝記に見えないが、命名者には、テツイチという二字が六十四画：一画という、大きな漢字辞典において漢字の画数の最大と最小という対比を示すことにより、その両極を押さえようとした才智がうかがえる。この由来は、おそらく画数の最多の字と最少の字を並べることで、世界の最大から最小までを意味しようとしたものではなかろうか。

一八五二年に土佐の宿毛に生まれたのだが、その頃、土佐では、子の名に動物の名を付ける風習があった。「龍」を用いた坂本龍馬もその一人である。

龍⺀

小野梓の「𪚥一」という名は、当時の二つの資料に見ることができる（笹原『日本の漢字』八六〜八七頁参照）。一つは戊辰戦争（一八六八〜一八六九年）の出征者名簿であり、この字が毛筆でサラサラッと草書体で書かれている。草書体が日常的に使われ、たやすく読解できる人たちが少なからずいた時代であり、六十四画もの字を楷書で一点一画ずつ丁寧に書くことなど稀だったはずである。

さらにその直後の帰還者名簿にも、その名が記録されている。そこでもまた草書体で記されているのだが、今度は、「龍⺀」のように略して書かれていた。「澁」が「渋」になるのと同様の略記法であり、「龍」が一つと繰り返し記号が二つ、つまり「龍」は三つぶんに減ってしまっていた。これは漢字の辞典では「龍」四つの字とは別の漢字とされている（後述）。その頃は、漢字や人名というものは、それらしく書かれればもう当人が特定できるといって十分とされていたのだ。今ならば、こういう書き換えは当人に失礼と言われかねないが、当時はそんなものだったことがさまざまな実例から知られている。

そもそも皆の知らない僻字《へきじ》であって、その「龍」は三つであっても四つであっても、いずれも数が多いということで大差はなく、さらに略字にしても実務上差し障りがないという非常に大らかな時代だった。

この事実は、職場の先輩であった故・島義高教授が、高知県の宿毛市立宿毛歴史館で資料を実見されたことを教えて下さったために知ったもので、さらに同館のご厚意によってその写真を確認することができたものである。

同館によれば、テツイチが書かれた資料は、この二点だけだそうだ。ともあれ、六十四画の「𪚥」を用いた名は実在していた。これが、最初の戸籍である壬申戸籍(一八七二年)をはじめとする戸籍にも載ったかどうかは、時期的に見て微妙なところである。

明治初期には、天皇の御名の字など名付けに使えない字が定められたことがあったが、その後は戸籍で氏名を表記する漢字の種類にはほぼ制限がなくなり、自由となった。略字や記号の使用が禁じられた(笹原『謎の漢字』参照)ほかは、たとえ造字であっても届けられれば戸籍係によって戸籍簿に書き込まれ続けた。

その後、戦後になると一転して漢字制限が適用され、新生児には当用漢字と人名用漢字の範囲での命名が原則となる。

三　その後の六十四画の字の使用

そうした漢字使用の制限を定めた制度が適用された名付けが行われ続ける中で、

𪚥

大量の姓名が行政の諸機関だけでなく、民間のさまざまな組織体で電子化されるようになる。

住民基本台帳に関する事務のコンピュータ化を日本で最初に行ったのは、群馬県山田市であった。その住民には、「𪚥」という字を用いた名が実在していたことが、石綿敏雄「戸籍と文字」三七頁（『月刊言語』三　一九九一年）に報告された。

そのことについて、一九九一年五月一八日に、学内の学会でお会いした石綿氏に直接伺い、ご教示を頂いた。そのお話によると、同市でＦ社が約十年前にコンピュータ化を実施したときのことだそうだ。一九八〇年ころに、仮に四〇歳であると仮定すると、その人は一九四〇年ころの生まれとなる。そうだとすれば、どのような字でも名付けに用いることができた時代である。

また、朝日生命保険による約一〇〇〇万人に対する調査では、「𪚥《てつ》夫《お》」という「最多画数」の人名が現れたと『ＴＨＥ　日本』（講談社、一九八七年）に記されていた。この調査は、一九七六年以前に実施されたもののようである。

このように「𪚥」を用いた名前を持つ人が少なくとも二人か三人は実在していたことが分かった。他の戸籍の電子化を進めた会社でも、この字を入力した実績があるらしい。他の資料も見ておこう。

二〇世紀も終わろうという頃は、まだＮＴＴに電話番号登録者が多かった。その当時、電話帳の「ハローページ」と「タウンページ」に用いられているすべての外字のリストがＪＩＳ漢字を改正するための委員会で配布された。そこにはＪＩＳ第２水準を超えた外字が収められており、独自コードを当てられた六〇〇〇字余りが作字されて並んでいた。しかし、そこに「𪚥」（てつ・てち）は含まれていなかった。かつて電信電話公社の時代には、一万種を遥かに超える外字があったそうなので、そこにはあったのかもしれないが、字数が減少したのは字形の僅かな差を統合した結果ともいうので、ＮＴＴ（旧電電公社）と契約をしたり、電話帳に載せたりした人の中には、この字を名に持つ人はいなかった可能性がある。

そのＪＩＳ漢字の委員会には、もう一つ別に「電話帳」と呼ばれる資料が時々配布された。ＪＩＳ漢字に追加する漢字の候補と属性情報、用例などを羅列した資料で、その数センチもある分厚さから、ＮＴＴの電話帳に喩えて呼んでいたものだ。そこには、大手数社の大型計算機であるメインフレームの外字もすべて収められていた。しかし、そこにも六十四画の字はなかったと記憶する。ちなみに、この資料は、ある漢字辞典を編纂する際に有用だったそうで、ＪＩＳに採用されなかったもののその辞典によって日の目を見た字も少なくない。

筆者はその後、電子政府で使用する漢字集合の整理と検証にも従事したが、そこで提供された住基ネットの「統一文字」と、そこでの使用頻度リスト（文字同定の業務の推進のために依頼をしたもの）を業務の中で見ていた。しかしその「住基統一文字」にもこの字は存在しなかった。

住基では、「住基統一文字」に含まれていない外字が各自治体で膨大に残されており、サンプリング的な調査は行われたもののいまだに全貌が掴めておらず、文字コードに互換性を欠くために住民の転居などに際して、種々の不都合と不便が解消していない。利用者も担当者も苦労するところだと聞く。デジタル庁の委員会では、その解決についても手立てを検討しているところである。

「𪚥」は、法務省の「戸籍統一文字」には入っている。こちらの統一文字は、その作製時から意見を求められていたものだが、現実の戸籍での使用実態をかなりカバーする性質のものとはいっても、網羅しきっているわけではない。電子化されていない「事故簿」の外字と微妙な関係にある字も含まれている。

そこには「興」四つからなる字と同じく『大漢和辞典』から、「誤字」「略字」とされていないために、この六十四画の「𪚥」が採用されたのだ。そういう機械的な作業と方針の結果というだけのことで、戸籍での使用実績とは直接の関係も有してはいない。

筆者がかつて都内の女子大学に勤めていたときに、講義で「𪚥」という字について話してみた。すると、台湾から来た留学生が、台湾には「龍𪚥𪚥」という若者がいると新聞で読んだと教えてくれた。上には上がいるものだと思った。

台湾では、現在、改名が一生涯で三回までできることになっている。先年、日本の回転寿司チェーンの会社の台湾法人が、氏名に「鮭魚」（サケの意）が付く人の食事代を無料にするというキャンペーンを打ち出した。その恩恵を受ける人は一〇名ほどだったのだが、それを知って、改名する人が若年層に相次いだ。「鮭」も含め、上限とされる五〇字の長い名にした人まで現れた。

その後は「龍𪚥𪚥」さんのことが話題にならない点から見ると、日本よりも簡単なその改名制度を利用して、「𪚥𪚥」さんも、もう別の簡単な名に改名したのかもしれない。

かなり前に、台湾には「龍𪚥𪚥」という人がいると新聞で読んだと教えてくれた彼女によると、六年前の七月の台湾の「聯合報」という新聞で見たそうだ。リョウチェーチェー（実際には注音符号で書かれている。声調は二声二声二声）という、ある若い台湾人の氏名だったそうで、その人についてだけで記事になっていたとのことだ。一九九五年の記事となる。

記憶内容が具体的なので、かなり確度が高く信用できそうなのだが、ネット上では検索ができない。後に「𪚥」という漢字がユニコードに入ったとはいえ、いまだにシステムやフォントが追い付いていない機材が多く、入力できないケースも多々あることも間違いない。

姓は先祖伝来のものだろうが、それを活かした命名で、「龍」が九字も含まれる。九龍を表したのだろうか。試験では、最初に名前を書くだけでかなりの後れを取りそうだ。知人に、この新聞社にサイトから問い合わせをしてもらったが、返答がなかったようだ。台湾は、日本と違って政府が姓氏の管理をきちんとしていて、種々の現状などを公開しているが、そこにもこの字は見られない。

折しも、大学院のゼミに台湾からの留学生が入ることとなった。二〇二〇年に日本もコロナ禍に入ったため、メールやＺｏｏｍでの参加となった。名に関心をもつ彼女に現地で何か調べられるかと尋ねてみた。

すると早速、図書館などで調べてくれた。一九九五年七月の「聯合報」のタイトルと見出しを全部見たが、「𪚥」に関する記事は見つからなかったとのこと。前述のとおり話を聞いた時点で「六年前」ということだったのだが、もしかしたら計算違いや記憶違いもあった可能性がある。日本と同様、刷による記事の差があるのか

龘

もしれない。

仮に実際の紙面では、「龍」の数が一つずつ少ない「龘龘」という名前だったということであれば、本名かどうかは不明だが、ＳＮＳでは名前が見つかる。

そして、その台湾の留学生から続報が届いた。

「𪚥」に関する記事が見つかったという。それは一九九三年二月一四日付の、やはり「聯合報」だった。「蕭𪚥」という氏名が、紙面のイラストの中に書かれている。ところが、記事の本文に記載されているのは、「𪚥」ではなく「龘」である。

同じく「你怪 我怪 他也怪」（君も私も彼も変だ）という記事に記録された「李楊錦龘」さんは、台湾に住む方だそうだ。伯父からもらった名で、家族に男の子がまだいないため、伯父が男らしい名を付け、次の子は男児となることを期待した。書きにくいため、普段は「龍」だけを書くと自身が述べている。

同じ面にある「都是爸媽的傑作」（すべて両親の「傑作」）という記事にも、「李龘」という氏名を、画数が多くて複雑な名の例として挙げている。

このように非常に貴重な情報を画像とともに知らせてくれた。「聯合報」はマイクロフィルム化されて特定の図書館に保存されていて、最初は一枚ずつ探していたが、図書館員に、タイトルと見出しであれば館内のパソコンで検索できると教わり、

「姓名」「名字」「怪」「特別」「少見」などのキーワードを試し、マイクロフィルムに当たって記事を読み、ついにこれに逢着したのだそうだ。

この印象に残りそうな記事が、記憶の変容を経て「龍𪚥𪚥」という氏名を見たという報告に至った可能性が出てきて、積年の謎が解けた気もする。

さて、十四億人を超える人口を擁する中国にも、「𪚥𪚥」さんはいないのだろうか？　かつて、同姓同名を減らすためにと設置された、住民の氏名の人数を省ごとに示すサイトがあったが、すでに見られなくなっている。今ならば「𪚥」という字も入力して検索できるかもしれない。

調べていくと、公安部が「姓名」の人数を算出した結果を示すサイトがあることが分かった。「𪚥」は「该名在全国少于一〇人」、つまり全国で一〇人に満たないと出た。数名いるのか、一人もいないのかが分からない仕様だ。「龍𪚥𪚥」「𪚥𪚥」も同様に表示される。多い氏に替えて「王𪚥」「李𪚥」「張𪚥」、そして「龍𪚥」としてみても結果は同じだった。

中国でも時折、公安部などが氏名の実数や長い氏名、僻字の使用などについての調査結果をメディアを通して公表しているのだが、「𪚥」という字について触れられたことはない。類推簡体字にした人もいないのだろうか。

名付けに使われた「𪚥」という字は、注目を浴びる割にきちんと来歴を追い掛けた記録が見当たらず、ネット上には根拠を欠いた推測が飛び交っている。この六十四画の字は中国で生み出された漢字なので、もうしばらく中国語圏でのこの字の生成と辞書への登録の跡を追い掛けてその正体を解き明かしていこう。

そもそもこの字は、名付けに相応しい字義を持つ字だったのだろうか。この字について、台湾での新聞記事を教えてくれた大学院生が、さらに面白い情報をくれた。くどい話し方を形容する台湾語に「tsap-tsap-liām」があるそうだ。その語には「多言」という意味をもつ「𪚥」を使って、「𪚥𪚥唸」を書くべきだと主張している研究者がいて、SNSでファンサイト「閩南語漢字正字」を設けており、そこでその意見を述べたとのことだ。その主張をしている人は、言語の専門家ではなく、歴史博物館の陶器研究室に勤める陶器研究家で、方言の「本字」を探究している。

しかし、台湾の行政機関である教育部が編集した「臺灣閩南語常用詞辭典」では、その語に対する漢字は「雜唸」と定めている。留学生によると、他に「謠念」が『閩南語經典辭書彙集9　台灣語常用語彙』に書かれているほか、「喋唸」「話唸」も考えられている。この本字というのは中国語学で用いられる概念だが、その語を表す文献上の初出の漢字を指すことが多く、たまたま古くに辞書に載った僻字がそ

𪚥　讋

う呼ばれ、尊ばれるにすぎないケースもある。

四　最も画数の多いといわれる「𪚥」の出典と字源

何氏の推論は、実は故のないことではない。「𪚥」は、遡ると中国で古くは「讋」と書かれていた。そしてこの「讋」の上部は音読みを表し、もとは「龖」なのであった。「讋」は、漢代の字書『説文解字』巻三上に、

失气（言）一曰（言）不止也　从言龖省聲　傅毅（ふき）読若慴　之渉切

（音読みはセフ（ショウ））

と説明されている。

宋代の韻書『広韻』（芸文印書館影印）上平には、

咮讋咮多言皃

などとあるように、「讋」こそが「𪚥」の本字であると考えられる。字音に微差が生じているのは、時代による変化と地域による変異であると考えられる。

同様の見解は、『漢語大字典』巻七にも、

按∶此当為〝讋〟的異体。

などと述べられていた。

この「讋」は、「譶」「龍」「沓」「誻」「謺」「讘」「囁」「龘」「㚔」「[illegible]」などに通

じるともいわれ（清代の朱駿声『説文通訓定声』（早稲田大学図書館蔵版本）臨部三など）、『説文解字』では「籒文」の「讋」は「⿱龖言」という形をとる。

これらの字が混淆し、また類推を経て、さらに「讋」には「失気（言）」という反対の義などもあるため、意味・用法などを特定させるために、構成を改めて「𪚥」という字体が生じたものであろう。その際には、字の内部で意図的に起こされた、あるいはうろ覚えなどによって生じた同化現象が起こった可能性もある。同字を反復する「聶」の類が意識の中で下敷きになったものとも考えられる。

なお「𪚥」には、歴代の版本に、字形に崩れが生じたものがあるが、ここでは記述上特に区別する必要がない場合、すべて「𪚥」で示す。

実は、「襲」という常用漢字も、同様に「龍」や「龖」が声符とされた字であり、重ねる意を持っていた。早くは殷代や西周代の甲骨文字や西周代の金文に、「龍」が並ぶ字の形である「龖」という字体や、「龖」の下に「衣」を書く「⿱龖衣」という字体が見られる（『新編甲骨文字典』ほか）。

この「龖」は、漢の『説文解字』（版本中華書局影印、『説文解字詁林』所収本など）巻一一下に、

飛龍也　从二龍　読若沓　徒合切（音読みはタフ（トウ））

とあり、宋代の『大広益会玉篇』（北京市中国書店影印。宋本以前の残巻には龍部が現存せず）下には、

達荅切（音読みはタフ（トウ））　飛龍皃

などと解説が付けられ収められている。明代の『六書精蘊』巻六では、

徒合切。震怖也。取二龍厷飛立意。以明威靈盛赫。見者奪气也　讋字从此爲母。

とあるように、怖れる意をも持つようになったことが記されている。

先に述べたとおり、「𪚥」は、『大漢和辞典』にあるために、「戸籍統一文字」にも採用された字であり、名付けに使われた実績を反映してはいなかった。その『大漢和辞典』では、龍部四八八四六番に、

テツ　テチ　〔字彙補〕知子切　屑。言葉が多い。多言。〔字彙補〕𪚥、多言。

とあり、発音、意味も記されている。名付けの淵源を突き止めるために、この原典を求めていく。

中華民国期に編まれた『中華大字典』には、「𪚥」も、同じ六十四画の「𠔻」も載せていなかったので、問題にならない。もっと遡ると、『大漢和辞典』の基本資料の一つとされた清朝の『康熙字典』には、補遺、備考を含めてこの字はまだ収められ

ていない。これは戸籍や住民票の窓口によく備え付けてある大型の漢字字典だ。この字書には、殿版と呼ばれる初版本が僅かに残されているのだが、もちろんそこにも記されていなかった。

『康熙字典』よりも少し前に編まれ、『康熙字典』に多大な影響を与えた明末・清初の字書『正字通』をひもとくと、亥集下六二ウ龍部末の「龖」に、

> 俗字　『説文』　飛龍也　讀若沓　『元包經』　震龖之赫霆之砉　傳曰二龍怒也　『六書統』　象二龍並起見意　『(六書)精薀』　震怖也　二龍並飛威靈盛赫　見者氣奪　故讋从此省　『(同文)備考』　二龍相戲躍也　『(六書)總要』　篆作（竜竜に相当する字形）　『(同文)舉要』　篆作　按諸説並迂謬背理　『篇海』　別龘作　音沓　龍行龘也　𪚥　音折　多言也　尤非皆可删

と詳しい記述があった。

龘

ここで「𪚥」は、『篇海』を引き、「音折《セツ》　多言也」と音義を示しつつも、「尤非」「可删」と厳しく非難されている。「𪚥」は「龘」とともにとりわけ非とするものとされ、削るべきとされていたのである。この字書は早稲田大学図書館蔵版本のほか何種もの版本やその影印があるが、字画が鮮明な内閣文庫や東京大学の図書館が所

蔵する初期の版でもこのようになっている。

前述のように「𪚥」は、『康熙字典』に収められておらず、清初の『続字彙補』から直接引いてきたものだったことが突き止められた。『康熙字典』に従って、この字に目を向けなかった『大漢和辞典』の編纂者たちであったが、実は戦後になって、それまで関係者ではなかった人の薦めによって追加されたものであった（笹原「『大漢和辞典』に四つの「龍」からなる六四画の字が入った理由」『日本語学』三八‐六〜一二　明治書院、二〇一九年）。『大漢和辞典』の戦後の校正刷りに、手書きでこの字の項目が『（続）字彙補』から直接補って書き込まれており、種々の記録を確かめていったことで、やっと昔年の謎が解けたものであった。

ほぼ同時期に刊行された『字彙補』（一六六六年序文。上海辞書出版社影印清版、『和刻本辞書字典集成』所収版影印）亥集四〇オ「補字」には、この字に、

知才切　音折　多言也

とあるだけで、出典名がない。

この字書のもととなった『字彙』は、こうした通俗的とみた字を排除する方針を立てており、『康熙字典』にそれが受け継がれたのであった。

『字彙』の直前に刊行された明の万暦年間前後の『台閣海篇大成』（内閣文庫蔵

𪚥

版本）、『海篇朝宗』（早稲田大学図書館蔵版本）や『彙編海篇全書』（内閣文庫蔵版本）などの「海篇」類は、部首別の画引き字書であって、『字彙』の構想に大きな影響を与えていた。それらの通俗臭の強い字書には、「𪚥」が収められていた。そこでは、音注に「析」（「枚」とする誤りも）とあった。

日本に目を転じると、江戸時代の『続和漢名数』（早稲田大学図書館蔵版本）巻中五二ウによると、『海篇』には、五万五四二五字ものの漢字を載せるものもあると記されるように、実はこれらの字書は、二〇世紀末までで最大級の収録字種を誇っていた字書であった。一般には忘れられた通俗字書であるが、文字史、辞書史の上では看過すべきではない。

その『海篇』や『続字彙補』、『五音篇海』などを引くと述べている江戸時代の毛利貞斎の『増続大広益会玉篇大全』（同）巻一〇‐五九ウには、

𪚥《テツ》（四つの龍の右下の一はノ）　ガマビスシ　屑。知才ノ切多‐言ナリ也

と収められている。この字書は元禄五年版であるが、それ以降、好評を博したようで版を重ねていたので、幕末に土佐の地でこの字を見て知った人がいてもおかしくはない。「才」を「子」と誤刻する版もあった。

なお、中野美代子『中国の青い鳥』（平凡社、一九八五年）という書物の表紙に

𪚥

は、この系統の字書が写し込まれている。

ここまで来れば、ルーツ探しはゴールが近い。『海篇』類は、画引き字書の祖とされた金代の『五音類聚四声篇（篇海）』に端を発したことが福田襄之介博士の『中国字書史の研究』（明治書院、一九七九年）などで明らかとなっている。『海篇直音』を編んだ章黼の撰『直音篇』龍部にも、「𪚥」「音折」と見えるのも、もとを辿ればそこに行きつくであろう。

そこで、『五音類聚四声篇（篇海）』について内閣文庫蔵万暦版などで確かめると、巻一五-一オに「𪚥（四つの龍の右下の「三」が「二」）」に、

音折字　多言也

と確かにある。その出典としては『類篇』というマークが付されている。

なお、本書では「龍」を十七画と数えている形跡も「竹部」「木部」などにあるが、その本来的な字形からは十六画であったとみられる。「龍」の「コ」の上の「一」が左に出ているのを厳密に数えれば十七画となるが、この形は楷書体としては普通であり、篆書体からそのまま楷書体にするならば十六画となる。

仏教のお経とその注釈書から字を集めた、『龍龕手鑑』の朝鮮本系の古活字版（『異体字研究資料集成』別巻二所収内閣文庫所蔵版本影印）巻三-六八オ（龍部）

には、「𪚥」に、

同上（讋）　之陟切　多言也

とある。同じく朝鮮本系の古活字本の『増広龍龕手鑑』（国立国会図書館所蔵）巻三-七〇ウも同様である。これは版面に明示されているとおり「今増」（増広）された項目であり、金代よりも後に増補されたものと考えられている。先に述べたとおり、「𪚥」が「讋」（讋）の異体字であることが、ここからもうかがえる。

これは『篇海』辺りから補ったものとも考えられるが、大学院の後輩に当たる高山亮太氏は、筆者の調査研究を受けて、「「讋」に關する問題について」（『中国文学研究』四一　二〇一五年）を記し、その中で以下のようにまとめる。

『成化丁亥重刊改併五音類聚四聲篇（海）』は成化三（一四六七）年に重刻され、『龍龕手鏡』朝鮮本の最も古い版本は成化八（一四七二）年とされる。よって、「𪚥」は明代以前に遡れないことから明代に作られたのではないだろうか。また、「讋」と「𪚥」の関係を明らかにしていることから、『龍龕手鏡』朝鮮本（がおそらく参考とした資料）が「𪚥」を最初に収録した字書といえるだろう。

しかし、『篇海』は、初版である金版は該当部分が現存しないが、金刻元修版では直音による発音の注記しかないものの「𪚥」がすでに「音折」として掲載されており、成化重刻版に至って、「音折字多言也」と字義が追加された（大居司「篇韻貫珠集・篇韻拾遺に基づく疑難字考釈」『日本漢字学会報』）。

中国で刊行された大規模の漢字字典『漢語大辞典』では、「𪚥」は、巻七（一九九〇年刊）四八〇五頁に六十四画として載せられ、「zhe^{2}」という現代語の発音を付し、やはり『改併四声篇海』「龍部」所引『類篇』に、「音折」「多言也」とあると述べている。

この『類篇』は、同名の現存する宋代の字書（版本中華書局影印など）ではないことがすでに判明している（小川環樹「中国の字書」『日本語の世界』三（中央公論社、一九八一年）二七〇頁、大岩本幸次『金代字書の研究』（東北大学出版会、二〇〇七年）ほか参照。中国でも種々の研究が進められている）。

なお「𪚥」は、『篇海』より前に編まれた字書、金代の刑準『増修絫《るい》音引證羣籍玉篇』には、まだ収められていなかった。

中国では、この「𪚥」の文献上での使用例は見ない。しかし、こうして辞書に載ったということは、何かで使用されていた可能性がある。ただし、辞書の編者が漢字を作ることだって過去にはあった。

学習参考書の『チャート式シリーズ　基礎からの漢文』（数研出版）に、「𪚥」「𠔻」

が『大漢和辞典』に収められた六十四画もある字として、『大漢和辞典』の本編の最後の字とともに写真で紹介されていた（笹原『漢字ハカセ、研究者になる』参照）。筆者が小学生の時、兄に見せられて『大漢和辞典』の名を知った本である。後に高校の教員から、学校でこの本にこの字が載っていると報告を受けたこともある。後の版では、この図版と説明が消えてしまった。

世界中のさまざまな記録を集めた『ギネスブック』にも、かつて『中文大辞典』という漢字辞典から、世界一画数の多い漢字として「𪚥」が紹介されていた。編者のイギリス人にもこういう情報が届いたことに驚くとともに、もっと古い辞書や他の字もあるのにと残念に感じ、発憤して情報を集めてまとめたものだ。言語に関する様々な記録は見聞を広げてくれたが、それらの項目も後に削除されてしまった。

この「𪚥」という字は、人名のほかにも、このようにあちこちで紹介されることが多いためであろうが、凸版の活字母で見たという人もいた。

六十四画という画数は、筆者が以前に『開篇』に記したとおり、六十四卦と同じ数である。易の世界観の中に漢字があった時代に、その体系を埋めるためにそこでの最大値「六十四」を押さえたものという可能性が考えられる。四十画、五十画代の漢字は、実はまばらにしか存在しておらず、六十四画は飛び抜けて画数の多い字

龘

なのである。しかもそこには、ほかにもあと二字ほど漢字が作られていた。

五　名に使われた「龘」

ここで、先に触れた「龍」が三つからなる「龘」という名乗りに現れる字について検討しておく。この字は、遼代の仏教字書『龍龕手鏡』巻一‐九八ウに、

徒合反（タフ　トウという音読み）　龍飛之皃也

とあり、「龖」と「同」とされる。龍が二つ、三つ、四つの字は、互いに音義が部分的にでも通じる点から、同源、同系の語を表していると考えられる。この字書に拾われているということは、一〇世紀までの仏典で使われていた可能性が高い。

宋代の字書『大広益会玉篇』下‐三一ウには、

音沓（タフ　トウという音読み）　龍行龘龘也

などとある。江戸時代の『増続大広益会玉篇大全』は、この注から畳語を省き、「ユク」と訓を示した。

これらの情報が『篇海』などの後代の字書に受け継がれていく。これらの字については、学生時代に『開篇』に記述をして以降、しばらく集め続けたが、あまりに多くなり、次第に目に触れてもきちんとは採取せず、また整理しなくなっていた。インターネット上では、姓にあるとかペットの名付けに用いたいといった発言も真意

はともかく見受けられる。「つくば焼きそば 䨺龘」というレストラン（二〇二四年現在閉店）が、茨城県つくば市にあり、読みは「だいと　ＤＡＩＴＯ」で、看板やチラシには二字が食い込んだタイプの前述の一字が記されていた。

ほかにも、「騰龘」などという中国の人の名（ハンドルネームか）、「先天虩鸗混元一炁龘龖龘壘馬晶龍品」という名の道教関係のFacebookなどもある。この字はユニコードに早くに入ったこともあって使用例に富む。

明治期にも、子供の頃に「龘」などの字を漢字辞書から書き写していたと辞書の序文で述べる人もいた。大正二年刊『正名の栞』の著者は、杉原顕龘である。

ここでできる限り、その展開についてまとめてみる。

道教の経典を集めた明代の「道蔵」には、「龘」が用いられている。今年の旧正月（春節）を迎えるに当たって、年越し番組のスローガンにも用いられた。

「龍」は「竜」に比べて一字でも強いインパクトを与える字であり、さまざまな古代風の書体を集めた「百龍図」も作られた。その字が一字の枠の中に複数集められていれば、一層強い関心を抱く人たちが現れてもおかしくはない。

なお単独の「龍」は、先述のようにその一画目が「丨」ではなく「一」のものもあり、それが正しい自分の名の字だと言い、こだわって譲らない人も日本には多く

いる。活字としては新旧の関係にも見えるが、ほぼデザインの差にすぎず、国語政策では骨組みは互いに同じものと位置付けられた。

法務省の「戸籍統一文字」では、「龘」は五五一八九〇にあるほか、五五一九〇〇には「龍」の一画目を横に倒した字形「龘」もある。前者にはトウのみ、後者にはトウ、ドウという字音が示されている。辞書で正字として扱われているので、電算化でも使い続けられるということである。

すでに触れたとおり、「竜竜竜」は、何種類もの外字リストで見掛ける字である。戸籍か住民票にこれがあったために、メインフレームに入って「龘」とともにメーカー外字となったり、様々な外字表に入ったりしたのだろう。あるところで見せられた運転免許証の外字システムの外字リストでも目にした覚えがある。いわばこの種の表の常連である。

右記のようにいくつもの著名な辞書に受け継がれたお陰で、「龘」は日本で幕末、明治初期の『名乗字引』に「タフ　ユキ」という読みとともに載って（その占いでは「字性」は火という）、そのためか人名にも「竜竜竜」となって使われることが生じたようなので、文字使用史の上に一定の貢献があったと言えそうだ。「龍」は、先述のように小野梓の名として記された文書が残されており、それとのつながりも感じられる。

なお、コンピュータの備える外字には、各メーカーが作って蓄えているものが多数あることは既に述べた。しかし、ある外字が現れたときに、すでにリストの中にあるのかどうかを探すのには困難が伴う。同じ字体をまた別のコードに重複して作ってしまうこともあった。一方、作ったはいいが校正などで字体の間違っていたことに気付いて、それを残したまま、別のコードに正しい外字を新たに加えてしまうこともあったであろう。

香港の子供の氏名に「禤靐龘」があることが、二〇一八年に「人民日報」などでニュースとなった。日本でも一部のネット上で話題になった。風水を好む人の多い香港では、龍に対する信仰が概して厚いが、父母が迷信から付けたそうで、皆読めず、「雷雷雷龍龍龍」などと呼ばれ、本人も書き間違えることがあるなど不便なので、改名を希望していたそうだ。類推簡体字にすれば簡易化できるが、繁体字を用いる香港なのでそうもいかない。

他にも、こういった名の人がテレビ番組で紹介されているケースなどをネット上で見掛けた覚えがある。こうした話題がニュースになるのは、漢字の国ならではである。なお、二〇二一年三月には、台南で、台湾一長い二五文字の氏名に改名した

𪚥

六　「𪚥」の現在

四〇代男性「黄大嵐是喜神財神衰神福徳正神所有神祝福的宝貝小心肝」が報じられた。これも信仰によるものだそうで、身分証には手書きで書かれている。

日本では、江戸時代に「龘」が独自のルビを伴って動詞の表記に使われたことがあった。鵬雲ら『竜蛇考』（一八四八　嘉永元年刊）に、「龘」に「とう（と）」と傍訓を振って、龍が昇る時のオノマトペのように使っている。さらに、「龖《とう》の所謂飛龍といふ是《これ》なり」という説明まで見られる。挿絵の図の名では、「龍く」に「のぼる」という傍訓も付されており、独自の用法すなわち国訓が生じていた。この字体が幕末に名の表記に使われたことはすでに述べたとおりである。

漢字を覚えるための教科書である『童子字尽安見』（早稲田大学蔵・奈良県立大学図書館蔵　正徳六年版）には、「龘《みづしくむ》」（カ）「龖《たつとぶ》」とある。品字様の字など形の面白い字を「理義字集」と名付けて集めて羅列した部分に出ている。江戸時代から、子供の頃にこういう字を見て目に焼き付いた人たちがいたに違いない。

日本では、こういう珍しい字を前述のように紙面に復活させて使い出すことがしばしばあった。すでに扱った八十四画のタイトルも、これを用いたものだった。

さて、「龍」四つの字に戻ると、六十四画もあるこの字も、商標登録や出願が行われている。

登録四六三八三〇五（商願二〇〇二—〇二〇九四一）には、この明朝体の字の右側に小さめに「おしゃべり」と仮名が付いており、「龍龍／龍龍∞おしゃべり」「リユーリユーリユーリユーオシャベリ、リユーリユーリユーリユー、リユーリユー、オシャベリ、シャベリ、テツ」とも表現されている。

また、登録四六六五三四九（商願二〇〇二—〇二〇九四二）には、明朝体のこの字があり、「龍龍／龍龍」「リユーリユーリユーリユー、リユーリユー、テツ」とも表現されている。これらは同一の会社によるものであった。

登録五四七二四五二（商願二〇一一—〇六三四〇四）にも「龍龍／龍龍」があるが書体は行書体で、「リユーリユーリユーリユー、タツタツタツタツ、リユーリユー、タツタツ、テツ、テチ」とも表現されている。

このように商標登録の記録には、「龖」は少なくとも三件見つかる。以前はどうだったのだろう。明治以降の商標をかつて何冊もの書籍版で眺めたが、想像以上に膨大で、日本の商業の勢いと商人たちの気合いに気圧されたものだ。登録されていない商標はもっと多いのだろう。

日本酒の銘柄にも、「てつ」と読ませるものがある。「龖」は七二〇mlの山形の酒。

二〇〇七年一一月二一日時点では、WEBで「龍龍龍龍」と打ち込まれていた。焼酎にも、「てち」と読むものが二〇二〇年に現れた。和歌山県の龍神のものなので、店名（すでに閉店）と同じく当地の方言によると思われる。

店名は、ほかにもあり、福井県越前市のラーメン屋には「塩𪚥」で「しおてつ」（二〇一三年からWEBに現れ、二号店もできた）、石川県金沢市の焼肉店には「𪚥家」で「てつや」（二〇一八年からWEBに現れる。二〇二四年現在閉店）も見られる。二〇二二年、都内に「てち」と読ませる飲食店もできたと知人のジスク・マシュー氏に教わった。

さらに自由度の高い、ペンネームやハンドルネームの類まで見ていくと、「龍龖龘𪚥（りゅうどうとうてつ）」「䨺龘𪚥䨻𠔻麤」「龘⿱列齒䨻穲」「龘䨻驫鱻麤飍飝鑫雥芔矗厵」など、この字はたいへん人気があって、いくらでも見つかる。

人名用漢字のような制限規定がない世界では、このように何でもありに近い使用状況が生じている。画数の多い漢字が固有名詞の名付けに利用されるのは、先に扱った「たいと」と同じである。制限がなければ出生届に書き込む親がいてもおかしくない。

小中学生でも、ただでさえ憧れる「龍」のかっこよさを四倍、いや四乗にしたようなインパクトを持つ字を、なんとか使おうとすることがある。そんな字を知っている人、使う人自身も、自尊心が高まることがある。周りの見る目が良きにつけ悪きにつけ変わることさえもある。名付けとなれば独自の解釈を含めて相応の思い入れも込められよう。思い返せば、私も中学生の頃、あちこちに誰かが見るかと期待したのか、この字をノートなどによく書き写していたし、見つけて問うて話題にする同級生もいた。

そして、固有名詞だけではなくなった。和歌山県の方言の秘境といわれる龍神では、「すごい、勢いよく」といった意味をもつ方言に「てち」がある。それに当て字として「𪚥」を用いることが平成期に生じた。地元の喫茶店の名になっているとのことで、新聞社から取材を受けて簡単に解説を述べたことがあった。インパクトのある漢字は、この字と音読みがこの俚言《りげん》を生んだと思わせるに至り、地元の方言の語源意識まで変えてしまっているそうだ。

この字の商業的な価値は、テレビ番組で繰り返し扱われたり企画に取り上げられたりするほか、「漢字博士」の検定講座などの全国紙の広告に何度も登場することにも現れている。ときには、『大漢和辞典』に同じ画数で収められた「𠔻《セイ》」とともに引っ張り出される。マスメディアでは、往々にして根拠不明のキャッチーな情報

齾　麤

が流されることがある。「龘」には、上述のとおり独特な訓読みでの使用も起こっていたが、テレビ番組などでは、『大漢和辞典』の記述を拡大解釈して二匹の龍が並んで飛ぶという字義の極立つ方向に向けての混線まで起こっていた。テレビ離れが進んでいるとはいっても影響力があるので、ことあるごとに注意を促しているが、真実に対する構成員や関係者の姿勢や資質、そして業界全体の抱える構造的な問題を感じることがある。

七　他の六十四画の漢字

ここに「𠔻」が出てきたので、この同じ六十四画なのに、名付けに使われた形跡がない字について、その理由を押さえておこう。なぜ名付けに用いられなかったのか、理解に至るであろう。

漢字を配列するときに、画数の少ないほうから多いものへと並べられていくことがある。これを一般に画数順、総画順などという。その末尾には、当然数ある字種のなかで最も画数が多い字が置かれる。

そうした方法が現実に比較的よく使われるものとしては、漢和辞書の総画索引や種々の漢字索引がある。それらでは、三十三画の「麤」（ソ　あら）や三十五画の「齾」（ガツ）などが画数の多い字として末尾を飾る。前者は古代の人名や現在の

鱻 𪚥

店名などに見られ、煩瑣に耐えかねて「麁」という異体字を生んだことはすでに述べた。また、同じ三十三画の「鱻」は「鮮」の異体字で、やはり日本・中国で店名に見られる。

昭和の諸橋轍次氏の『大漢和辞典』の総画索引では、六十四画の項に、ここまでに詳しく述べた「𪚥」のほかに「𠔻」も収められており、これらの二字が最後に並んでいる。そこからこの両字が「戸籍統一文字」に採用されたのである。

この二字は、一般向け、あるいは漢字の専門家の諸書に画数が最多の漢字として、簡単にだが言及されることもあり、漢字にある程度詳しい人であれば、これらを最も画数の多い漢字であると認識していることが多い。

これはなぜ名付けに見られなかったのだろうか。その疑問を解くために、「𠔻」という字についても簡単に押さえておきたい。

まず、『大漢和辞典』には、

セイ　義未詳。〔五音篇海〕𠔻、音政。　（臼部。三〇二七六番）

とのみあり、意味は記していない。

この「𠔻」は、すでに清朝の『康熙字典』（殿版、同文書局原版中華書局本など）未集備考の臼字部に、

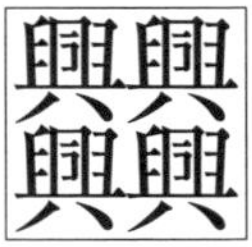

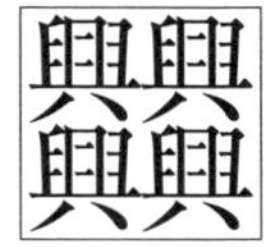

〔五音篇海〕音政

とあるので、『大漢和辞典』の残されている校正刷りの状況からも、この清代の勅撰字書からの転載と考えられる。

「〓」は、「〓」の形で『続字彙補』未集四六ウ「補字」には、

　昭性切　音政　義未詳

とだけあった。

その前の明代の万暦のころに刊行されていた『台閣海篇大成』（内閣文庫蔵版本）、『彙編海篇全書』（同）、『海篇朝宗』（早稲田大学図書館蔵版本）や『海篇大全』（同）などには、「四色類」「四色字類」などに「〓」や「〓」と「〓」の中間的な形といった字体ですでに現れている。これらが『続字彙補』に影響を与えた可能性がある。なお、日本で元禄期に刊行され、版を重ねた『増続大広益会玉篇大全』は「〓」は載せていない。このことが、江戸期、明治期に人名に使われた痕跡が見られない一因であろう。

台湾で刊行された『中文大辞典』（一九六八年）は、「〓」「𪚥」ともに載録したが、それらに対する説明はその前に刊行されていた『大漢和辞典』の域を出ない。

王竹渓『新部首大字典』（一九八八年）九三四頁にも「〓」があるが、やはり、

〈五音篇海〉　音政。

とあるのみである。

『漢語大字典』巻二（一九八七年）二五四頁には、「𠔻」を六十画と算出し、「zhèng」という音を注し、『改併四声篇海』興部所引『類篇』に「音政」とあるとする。これらも、基本的に上述の諸々の記事と同じである。

この「𠔻」「𪚥」の二字は、漢字の字種・字体を五万種ほどに絞った場合、その集合の中では最も画数が多い字となる。これらはいつごろから現れたのであろうか。儒教色の濃い字書で、九三〇〇余字を収めた漢代の『説文解字』、原本系のテキストを二万七〇〇〇余字にまで増加させた宋代の『大広益会玉篇』（注記体簡素化した）や、三万一〇〇〇余種の字を載せた韻書・字書である宋代の『集韻』と『類篇』、仏典の字を中心に二万六〇〇〇余字を採る遼代の字書『龍龕手鏡』（高麗版等中華書局影印など）には、まだこれの二字は見られない。

この二字が現れる現存最古の字書は、当時すでに五万四三二一字（万暦版を数えるとこれよりもやや多い）もの漢字を載せたとされる金代の『五音類聚四声篇（海）』である。こういう実例から、清代の『康熙字典』の出典の示し方は、引用する諸書のうちで、古いものを優先させているとは限らず、場当たり的な面のあることが指摘できる。

『五音類聚四声篇海』（内閣文庫蔵万暦版）巻一三-三オ「興部」には、「𠔻」の形で「音政」とのみある。その出典は、引用書の符号の付けられ方からみて『類篇』のようである。この辞書は六十四画の「𪚥」もまた『類篇』から引いていた。現存する上記の『類篇』とは別の辞書であったとされている。

なお、朝鮮本系の『龍龕手鑑』（『異体字研究資料集成』別巻巻二所収版本影印）興部巻三-八〇オには「𠔻」の形で「音政」とある。これも「今増」とされているものであった。朝鮮本巻三-九一オでも、字体を「𠔻」に作ること以外は同様である。

『五音類聚四声篇海』では、現存する金版に「𠔻」の該当部分が現存しないのだが、金刻元修版には存し、そこから内容は変わっていない（大居司氏に確認していただいた）。そしてこの字も、それに先立つ『新修絫音引證群籍玉篇』にはまだ収められていなかった。

『五音類聚四声篇海』では前述のように「龍」は十七画での形であったが、「興」は「口」の字体が異なり「コ」となっており、肉部などで十五画で数えられている。正確に字形を見ると、ここでの「𠔻」も六十四画ではないが、「𠔻」「𠔻」の中の

「興」の異体字は、それぞれ楷書としては一般的であって、篆書により楷書にすると「興」となる。「興」はいわゆる正字、本字であり楷書化すればやはり十六画であり、それを四個合わせれば六十四画となる。

直音注が字義をも表すことは多く、また「興國」の語もあることから、「𠔻」は「政治」の意味であるとも考えられる。この字も耳目を集めることがあり、「おおよそ」という意味を記したものなどもあったが（一九九〇年『朝日新聞』に掲載された「漢字検定」の広告）、何らかの誤解によるものであろう。意味がはっきりしない字は、名付けには敬遠されたのだ。字体も一般に「龍」ほど惹きつけるものが感じられないようだ。

この類の疑難字に対しては、中国で研究者らによる検証が増えているものの、中には字体から想起された音注をそのまま字義に適用しようとする安易な推論も含まれている。ともあれ、これらの字については新しい見解はなさそうだ。また、「𠔻」には、略字となった形で中国の清代末に韻書で方言の表記に用いられた例がある。しかし、何世紀もの間伝承されたものではなく、字体がたまたま一致する「衝突」か、辞書で見つけたこの字を口語表記に用いた仮借《かしゃ》である可能性が排除できない。

なお、「𠔻」は、上記のとおり辞書に採録されたことから、ユニコードにも採用された。

八　他の六十四画など多画の字と人名

画数が多い字は、多くの人の関心を呼び、テレビのクイズ番組などでもしばしば取り上げられる。筆者も解説を頼まれることがあるが、テレビ制作者は説明の意図をきちんと理解しようとしない傾向があるため、よく番組などを選ぶようにしており、最近はあまり引き受けなくなった。インターネットも玉石が混ざっているが、むしろテレビよりもよい情報が増えつつある。

Ｘ（旧Ｔｗｉｔｔｅｒ）に「幽霊名字bot」がというものがある（@ghostmyouji)。二〇二二年一〇月九日には、

䨺＋龘（おとど／たいと）

日本最多画数の漢字を使用した幽霊名字。この漢字が存在する理由が名字辞典にあるからとされているが、辞典のソースが不明のため謎に包まれている。笹原氏は䨺龘という仮名ではないかとしている。何故名字由来ネットにおよそ二〇人と出ているかは不明。

と書かれている。実在しないものも、ＷＥＢ上ではかなり存在することになっていることがしっかりと指摘されている。

この「たいと」と読む「𱁬」について補足をしておくと、一九九四年の「漢字典」（京都漢字研究会　勝村哲也　丹羽正之）は、五万七四一五字を載せる中で、日本一画数の多い字とする。

漫画家の山田しいたは、連載していた「ＩＴおじさん」（cakes）の中に「菅田𱁬（すがた　たいと）」を登場させたとそのコマの写真を付けてツイートした（二〇二一年七月八日）。フォロワー数が数万にのぼるので、この字の認知度も高まったであろう。初めて見た、用例となるのかといった反響があった。

さて、以上のように「龍」と「興」はともに四つ合わせることで六十四画の漢字を構成した。しかし、「龍」のほうが「興」よりも形音義の各面でインパクトが強いことは論を待たないであろう。前者が名付けに幾度も選ばれたのも自然な流れだったといえる。

なお、後者は、「龍」の場合と同じく、「興」を三つ重ねる字も生み出されていた。「興」（中の「口」は「一」あるいは「コ」）を三つ合わせた「[興興興]」という字は、金代の道教系の字書である『五音類聚四声篇海』巻一三-三オに、『玉篇』を引いて、

　烏鄧切　㷊也　又音称　又許敬切

と現れる（諸本とも大差はない）。

また、朝鮮本系『龍龕手鑑』巻三―八〇オには、

烏鄧切　火也　又音稱　又許敬切

とある。この「火」は「爇」の誤りで、また遼代の原本に増補をしたことを示す「今増」という符号が脱しているとみられる。もととなった朝鮮本でも巻三―九一オに同様に記載がある。

これらの字義には、現代の日本人の意識における「木」「林」「森」のような明白な意味の展開は見いだせないが、こうした字の存在を踏まえて、あるいはこうした字と合わせて「興興興興」「𱁬」の字が生じたものと考えられる。よく「三以上の数値は皆多いとまとめてしまう」という話があるが、「𱁬」を「龘」で誤植することは、明治末の眼科の雑誌論文「目ト《と》漢字」にも見られた。

なお、楷書成立以前の書体を楷書に直すことを隷定と呼ぶが、それではいかに複雑な形態の字であっても五十画を超えるものは見つからない。

歴代の漢字を作った人々は、すべての画数ごとに漢字を埋めようとしたわけではない。そのため、十五画などは数千字もあるのに比べて、全く字のない画数、たとえば五十五画とされた字は、これまでの辞書には収められていない。六十三画、六十二画など多くの画数も、漢字がないままとなっている（笹原『画数が夥しい漢字

121』)。所属する漢字のない画数というものが四十画代から目立つのである。

さて、漢字のなかで画数が最も多い字は、本当にこの二字でよいのであろうか。漢和字書の類がすべての漢字を収めているという幻想にとらわれていてはならない。辞書というものは規範的態度と、記述的態度との相克のうえに成り立っているものであり、編者が知るすべての字を収録するということは、今のところなされていないのである。また規範的態度が偏っている場合はともかく、記述的態度を徹底させようと努めたところで、実際に見られた文献数が少ない場合には、収録漏れが避けがたく生じるものである。

中国には無数の書籍があり、それらをすべてカバーすることは不可能であり、また早くに散逸してしまって集逸もなすことができない文献の中身は、すでに知るすべもない。日本も文献の数量ではひけをとらない。

現実には、画数の頂点ともいうべき六十四画に、もう一つの漢字が存在したのである。『大漢和辞典』では五十二画の字の後は、六十四画の二字に飛ぶ。五十画代の漢字は、他の辞書でもほとんど見られなかったことはすでに述べたとおりである。六十画から六十三画の漢字は一つもないのに、六十四画には漢字が不自然なことに三字もあるのだ。一九九二年の旧稿(『開篇』一〇号)や笹原『日本の漢字』に記

述した内容を元に、最新の情報を記録しておく。

例えば、「十五音」と呼ばれる中国南部の福建の方言資料の中には、「」という字があることを、昔、方言を研究する秋谷裕幸氏に教えてもらった。一九四〇・一九六一年許鈺の『十五音研究』一三頁によると、これは「雞時四音」にあるという。これは『彙集雅俗通十五音全本』（一九一六年）を指すようだ。現在、WEB上では画像も提示されるに至った。

また、それよりいくらか北方の「蘇州童謡」に、

一点一横長、言字当正梁、両辺両個絞絲（二字分空欄）娘、当中一個馬大王、左也長、右也長、心字打底、日月当墻、千字当旗桿、一字做板凳、張飛踢一脚、劉備戳一槍、関老爺在城題上放大爆仗。

という歌があり、これに関係する字であると指摘されていた。

この『十五音研究』五八頁には、「」という字体が小さく不鮮明であるが印刷されていた。それらには「塞」「雪」と声調も同じ「sue」（第四段。上入）という音がある。

また、『方言』一九九七年第四期三〇三頁に、五十七画となって変形してはいるが、この字と「口訣」が引かれている。これは古家時雄氏に学んだことだが、それ

によると、意味は「十分得意、近于忘形的様子」（非常に得意になって、我を忘れたようになる様子）である。

この字は、前述した「𪚥」や「」と異なり、延べ十一個、九種類といったさまざまな構成要素を配したものである。それにもかかわらず、画数を数えるとやはり六十四画になることがある。むしろ六十四画に納まっている、いや納めたという感じさえしてくる。

この類の用例としては、この字に似た形を持つものが見つかる。

これは、やはり中国の南方に栄えた天地会の入会式の飾りに書かれている（白川知多氏「下層民衆の自衛組織」『歴史読本』三　一一三頁　一九八八年）。

字画数が意識されない曲線を含む形態で、道教の符のようになっているが、天地会は『三国志』の劉備、関羽、張飛の桃園結義に倣ったとされる義兄弟の契りを結ぶしきたりがあることに、先に挙げた童謡の登場人物等との関連をうかがわれる。こうした裏社会は明代まで遡れるらしい。

上記の童謡そのものは、早稲田大学でお会いした中国人留学生の王嵐氏によると、一九六二、一九六三年頃の小学生の頃に、厦門《アモイ》でも歌われていたという。

王嵐氏は、自身でもこれを歌っていたそうで、当時、歌により数字・文字を書くことが流行っていたが、これ以外はもっと短いものだった。この歌に字があるとは知らなかったそうである。また、厦門方言ではこれと同音語は思いつかないとのことだった。

天地会は、二十世紀半ばまでは存続していたらしい。秘密結社での使用、童謡、この造字に相互の関連がうかがえ、いずれかが始まりとみられる。

さらに南の広東で編まれた『潮汕十八音』（一九三六年）という閩《びん》方言の漢字の発音辞典には、この六十四画の字に「恋」（戀）という意味をsoihという発音で載せていた。家蔵の『潮汕十八音字典』にも、二一頁に設けられた注釈に、確かにその字と、恋という字義に関する解釈が述べられている。また、これほどたくさんの点画を書いても「一」という意味とするものもあった。

清代に、南方でこの字が流行り、各地に伝播し、種々の字体を派生した。用法もまた様々に転化した。その中に、中華人民共和国成立後とみられるが、陝西省の西安の名物であるビアンビアン麺の表記も位置付けられる。この字はそうして方言資料にも採録された。

近年、ユニコードには、このビアンビアン麺に用いられていた複数の字体が採用された。また日本では、商品名や店の看板に散見されるようになった。テレビ番組やWEBでも、情報の正確さはともかく、しきりに紹介されているため、店の名前に用いる人が出てくる可能性がある。また中国語圏では、この字を下の名に使う人も現れるかもしれない。

このように、「𠔻」「𪚥」「〓」という三つの字が清代末までに生み出されていた。歴代の辞書に載った字としては、これらの六十四画が最多であった。結局、六十四画以上の「文字」といえる漢字はそれまで作られていなかったものと判断される。

そうした中国の暗黙の約束を破ったのが、すでに考証した日本で最も画数の多い漢字（国字）となった「たいと」であった（一四九頁参照）。

最近、中国で刊行された『歴代方志方言文献集成』を取り寄せて見たところ、ビアンビアン麺のような字は収められていなかった。「雷」を四つ書く字は宋代以降の方言として記録され続けているが、ビアンはやはりかなり新しい字であることがここからもうかがえる。なお、この「雷」四つの字は、「達拉崩吧」という最近の中国語の曲でも歌詞に用いられている。

九　それ以外の画数の多い漢字

中国では、これら六十四画を超える字は本当にないのであろうか。

管見の限りでは、候補がないわけでもない。まず明代万暦年間前後にたくさん刊行された通俗的な字書、例えば『台閣海篇大成』には、

甲（「音或」）

◉（「日」の「古文」）

など、円の中を黒く塗り潰した字が収められている（前者などの白黒を反転して作る字書もある）。あえてそれらの画数を数えるならば、人によっては六十四画以上になるやもしれない。

しかし、これらはやはり点画の一般的な認識、通例からみて楷書の漢字とは認めがたい。絵文字にも、塗りつぶしを伴う煩瑣な形態をもつものがあるが、それに読みが与えられることがあったとしても、文中での読み方として固定化することはなかろう。あくまでも、文字ではなく絵やマークなのである。

同様に楷書でない例としては、後漢の時代からのものという道教の『太平経』（合校本。森由利亜氏により知った）巻一〇四～一〇七の「複文」の中に、楷書にするならば、「」「」「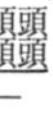」のごとくになるものが含まれている。

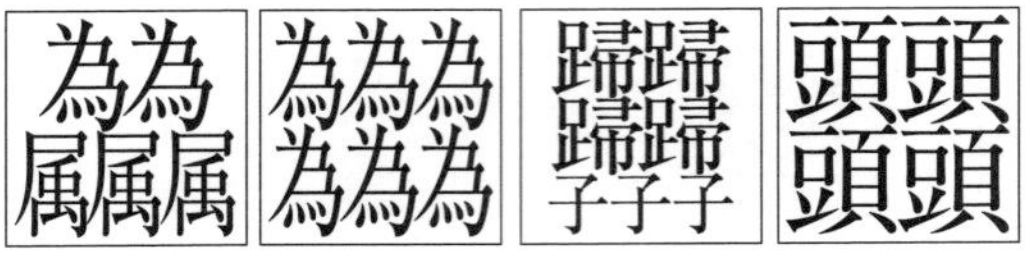

『道蔵』（影印本）の符の中にも、「龍」を三個含むなど長大なものもあるが、『太平経』の例は、一字のようにほぼ正方形に収まり、文字列のような体裁をなしている。これらは七十画、六十七画、六十五画に達するが、これも隷書のごとき独特の書体であって楷書とは認めがたく、さらに音、義ともに分からない。むしろ呪符に近い存在である。

「」という形のものもあり、仮に楷書に直せるとすれば、このやはり六十四画のこれが、前頁の上図の右の三つの基本的な部分であることになるだろう。

「」という六十九画にのぼるものも一例ある。他にも、例えば「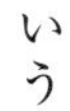」という五十四画になるもの、「」と書く五十一画になるものもあり、これらは「為」や「属」をいわゆる正字体（旧字体）「爲」「屬」で書けば七十二画、七十八画と、六十四画をはるかに超えるものとなる。これらは六十四画を意識して、あえて画数の少ない字体を用いていたなどと考えられないこともない。道書の符には、前に触れたとおり上下左右に伸びて、どこまでが一字か分からないような複雑な形を持つものも多数見られる。

宗教を離れて、笑い話に目を転じてみよう。

「一」「二」「三」という字を習いたての子が「萬」（万）という姓を書くように

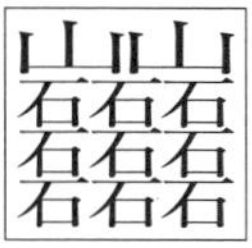

頼まれた。そこで、「一」を五〇〇画余り書いたけど、まだ終わらないと嘆いたという話がある（明代の『応諧録』、『笑府』上。村山吉廣『中国笑話集』（一九七二年）、駒田信二『中国笑話集』（一九七八年）など）。もっともな発想であり、筆者も幼稚園時代に、四はそのように書くと思って書いたものだし、五本を書く五までは殷・周の古代文字にあったとされる。

しかし、これは当時数多く語られ、記録された漢字にまつわる笑い話に過ぎず、また誤字としての字形の産出でもある。縦に書いたならば楷書の漢字の原則である方形に納まり切れず縦に長くなりすぎ、かつ字としては未完成の形であるため、五〇〇画の字としては到底認められないだろう。

また、日本では数多くの国字が作製されてきたが、その中にも画数の多いものが見られる。たとえば、「〓」が天正十八年本『節用集』（『東洋文庫叢刊』所収版本影印ほか）にある（字体が訛って合字化したものか。なお、「今昔文字鏡」というソフトでは、この字の字体設計を誤ってしまっていた）。

そこでは「イワクラ」と傍訓が振られ「畳石同意」と注されている。門構えはやや崩してある。また、「〓」が、『法華三大部難字記』（版本　大正大学天台学研究室影印など）にある。これらのように五十画を超える字が中世以降に現れた。

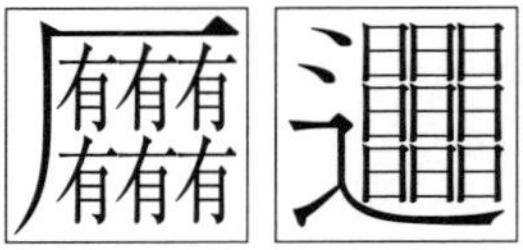

これらも背景には、仏教や神道、民間信仰などの宗教家と連歌師の存在がうかがえるであろう（笹原「京都の「天橋立」を表す日本製漢字の展開と背景――「〓」「〓」を中心に」『文字論の挑戦』二〇二一年）。

さらに、遊戯性の高い「文字」も見ておこう。日本では、遊び感覚で作られた字がたくさん文献に残されてきた。江戸時代に刊行された戯作の本では、「石」を十六回も重ねる八十画という字まで生み出された。こういうものには読み仮名も付されていて、さらに戯作の文章中で使われることもあった。「漢字」は四角四面なものばかりではない。

こういうものは漢字とは言えない、という人が多いだろう。そこで、実際に文学作品の中で使われた例を紹介したい。

日本では文芸作品にも、画数の多い造字が認められる。宮沢賢治は、「岩手軽便鉄道の一月」（一九二六年一月一七日『春と修羅』第二集所収（『新修宮沢賢治全集』三―三〇五　筑摩書房　一九七九年　一九八二年三刷））という詩の中で、「〓」を「〓をつるし」という文字列において使っている。自筆原稿でも、縦罫入りの原稿用紙の升目の中に、このように書かれている（天沢退次郎『新潮日本文学アルバム一二　宮沢賢治』七〇掲載写真　新潮社　一九八四年（笹原『日本の漢字』に

示した））。

これが一字であるならば、七十六画の造字ということになる。異稿である「銀河鉄道の一月」では「かがみ」には「鏡」と「かゞみ」が当てられていた（同　四二九　四四二に書誌等の情報もある）。原子朗はこれを「一行中に鏡鏡鏡鏡と一字分で書かれたりしている」とする（『宮沢賢治語彙辞典』（東京書籍、一九八九年）一二一頁）。一方、この「鏡鏡鏡鏡」を「四面仕立ての鏡、ミラーボールさながらに樹の枝にいくつも鈴なりについた氷雪の光の乱反射ぶりを〈字面《じづら》〉構成による視覚的表象を試みたり」と解釈し、「文字案出（造字）」と位置付ける見方もあった（高橋世織「文字メディアの〈近代〉」『武蔵野美術』九三　一九九四年）。

この字について大学生たちに読み方などについて意見を求めたところ、「かがみ」と読む「文字」であるとの回答が大半を占めた。一般の意識として注目できるものである。これは作品に、みずから創作した漢字を使用したものだが、これが名付けに転用されることはなかった。宮沢賢治のファンは多く、合唱曲の歌詞にもされ、この字も知る人があるが、名付けに希望するという話は聞かない。

二〇〇四年の人名用漢字追加のために、筆者が集計を担当した要望調査でも、造字とみられるものは「〓」などわずかしか出現しなかった。

また、再び遊びの「文字」ではあるが、「」というような七十九画にも及ぶ「字」があった。中国ではたとえ遊戯的な造字でも、六十四画を超えるものは紹介されたものを見ない。

これは戯作者の恋川春町が書き、一七八三年に刊行された『廓《さとの》䈡《ばかむら》費《むだ》字尽《じづくし》』巻中一六オ（『異体字研究資料集成』巻九所収版本影印・翻字三三四・四二四頁）という江戸時代の黄表紙に載っているものである。「大いちざ」と読み、「おそろいのなかではくのがおういちざ」と説明されている。

「おういちざ」とは大一座であるが、『異体字研究資料集成』には本文だけが影印されていたため、従来いろいろな意味が推測されてきた。

これは、影印で切り取られていた原文の挿絵と、そこに記されている科白《セリフ》などまで確認すれば、遊離の団体客を指すものであることは一目瞭然であって、その「字」に含まれている「敵」は旁を「欠」に作るが、客の相手をする敵娼（あいかた）たちであることが分かる。その中で、悪酔いした「客」の一人が「吐」いてしまっている、という困った状況を表すことは、『別冊太陽』八九（一九九五年）で、鈴木俊幸氏が解説しているとおりであろう。このような光景は、川柳にも詠まれていることが知られている（笹原　二〇一一年　https://dictionary.sanseido-publ.co.

jp/column/kanji_genzai083など)。

「今昔文字鏡」など、これを正方形にデザインするものがあったが、その実物は細長く、とても一字としてのまとまりを持たないものである。さらに『廓簒費字尽』でその次に並ぶ「字」も、方形にまったく収まっていない。形も読みも意味も品がなく、さらには字としての最低限の格式ももたないため、どのような親でも、これを知っても名付けに使おうとは思わなかったであろう。

なお、WEB上には、日中の人々が作った「龍」が十六個で一〇〇画以上の「字」、一〇八画の煩悩を表す「字」(この作者は名乗り出ている)、ついには一〇〇〇画以上、数万画などの「字」なども示されている。それらが画数の多い「文字」を作ろうとして作り上げたものだということは、それらの説明や音義などからほぼ分かる。

中には、「龍」が九つでゴッというものまで、まことしやかに伝えられている。記憶の誤りかと疑われるが、著書やテレビ番組などで広めた当人によれば、ある著名な日本の文献学者が直接その人に話したものだという。ただし、その典拠の説明は、その字を収めてはいない『玉篇』であったり、正倉院所蔵の他見が許されない経典であったりと、二転三転していた。あるいは、先述した元禄時代の『増続玉篇』と混淆したのだろうか。ゴッというもっともらしさの漂う読みも、「龍」四つ

䲜

のテッからの転訛ではと疑われるが、テレビやネットの力も加わったせいか、前述のとおり、それを信じてチーム名に「ゴッ」と付けてしまったサッカーチームまで現れた。

なお中国の各地の方言文字や、壮族のほか十以上の少数民族による漢字を模した諸々の造字、朝鮮、韓国の国字、過去の契丹文字、女真文字、煩雑といわれるベトナムの字喃、タイー族字喃や西夏文字など他の漢字系の文字には、六十四画を超えるような字を見いだすことはできない。

こうした画数の多い漢字は多くの人が注目する。筆者も、二〇二二年三月に刊行された『漢字ハカセ、研究者になる』に記したとおり、その一人だった。画数の多い人名用の漢字といえば、『大漢和辞典』の熟語欄にすごい字があったことを思い出せた。中学生か高校生の時に『大漢和辞典』をパラパラとめくっては眺めていたり、通覧をしてみたりしている中で、熟語欄に「䲜」を使った中国人の名前を見つけていた。

その一字め、つまり姓（名字）が思い出せなかったのだが、高校の時にノートにまとめていた記憶が甦ってきた。『漢字ハカセ、研究者になる』に詳しく記した青春時代のノートを開いて探したら、当時の肉筆で、「葉夢䲜」と確かにあった。

そこで『大漢和辞典』を開いたら、セフムゲフつまりショウ・ムギョウと読む宋代の人で、『尚友録』巻二三が出典として示されていた。この漢字自体も宋代ころから辞書に収められ始めたもので、「魚盛」と意味が注記される、四十四画もある字だった。実際に載せた版本が見つかり、ほかに明刊の『万姓統譜』にも伝が収められていた。

画数の多い漢字は、今なお人気がある。先述した六十画に達しようかというビアンビアン麺のビアンという字は、即席麺としてコンビニエンスストアなどでしばしば現れるようになった。堀誠『日中比較文学の小径』（汲古書院、二〇二一年）にも取り上げられ、そこに引かれた佐藤孝志「Biang Biang麺」（「アジア・文化・歴史」創刊号　二〇一六年四月）には、この字の「字書き歌」の一つまで紹介されており、本連載で紹介した歌の外にも、この類がいくつもあって、中国では親しまれていたことが伺える。西安出身であってもどこの出身であっても中国人留学生たちは、この字が古くからあるものだと漠然と思い込んでいる（この類の字の詳細は笹原『画数が夥しい漢字121』参照）。

十　最も画数の少ない漢字

一方、逆に最も画数の少ない字は何であろうか。『大漢和辞典』には、一画と数えられた漢字が一〇種以上ある。

ネット上では、遊びとしてではあるが、無限大からマイナスの画数というものまで案出されて示されていた。人間の発想の無限とも言える可能性を感じさせる。

さて、現実に戻って、〇（ゼロ）画の字は存在するのであろうか。小説や漫画、メールなどには、

「　」

（　）

といった括弧に括られたあえて設けられたスペースが用いられることがある。メールでも「(笑)」から派生した、スペースさえ省かれた「()」という表現も広まっている。

ＪＩＳ漢字ではこのスペースに独立した区点番号が与えられている。この手法は空白や無によって何らかの含意を表すものであり、「固定的な読み（言語音）との対応をもつ記号が文字」という定義を援用すれば、やはり〇（ゼロ）画の記号ではあっても、字とみなすことはできまい。

文字が入る空間を利用する伝統的な表現である空格もまた、他の字との関係によって成り立っているものであり、避諱などの制度や約束ごとに用いられる際には、

全く意味を持たないものでもないが、文字のような固有の意味をどの位置においても発揮するわけではない。あくまでも文字を欠く状態を示す方法と考えるべきである。今なおお分かち書きなどで、文意を明示する役割を全角、半角などのアキによって担うものである。

和紙などに対する虫損（虫食い）では、穴が空いて文字やその点画を失うことも発生する。ちょうど墨があるところを虫が食ってしまうケースはしょっちゅう起こっていた。地名では「梁田《やないだ》」と書かれた文書を鼠がかじったために「小田《やないだ》」になったとの伝承がある。

また日本で江戸時代の文書などで行われた変体漢文の候文においては、「候」の字は点だけでも表現されたほか、古文書学の本を見ていたら、崩し字において、はなはだしくは点さえなくても、字と字との間に現れた空線の中に、その字があるものと仮定して「そうろう」などと補って読み取るという技術さえも示されていた。

かつては原本にメモを書きこむ際には、聖典たる原本を尊重し、墨跡で汚すわけにはいかないという意識から、角筆と呼ばれる尖った竹や木の棒で、紙を凹ませて字や記号をメモのように記す方法がしばしばとられた。今でもインクの出るペンがないときに、ペン先や爪など尖ったもので紙に字の跡だけを残すことがあるだろう。

実際には傷や皺などとの区別が難しいものもあるらしい。ただし墨の跡がなく、紙の凹みだけで字画を示すこの方法でも、画数自体は算出することが可能である。漢字、文字はやはり字体があってこそ存在し得るものであり、字体は線や点により構成されるものなので、理論的に〇（ゼロ）画の字はやはりありえないわけである。氏名の間に空欄を入れるか入れないかも、個人の好みや書式、そして国の習慣によるところがある。

氏を持たない人は、江戸期にはいたが（隠れて持っていた農民も多かった）、漢字圏では日本統治下の朝鮮半島などでも確認された。今でも、モンゴル人などに見られる。日本では「名無し」も、様々な事情で発生した。しかし、これらもまた〇（ゼロ）画の氏・名とはなり得ない。

これらのスペースや不存在（無）は、それが独立して存在を示すことが難しいが、時に間を示すなど音声言語との対応に関する社会的認識が存していたようで、その点では〇（ゼロ）画の文字というものに近い役割を持つものともいえよう。しかし、やはりあくまでも独立して在ることを示せないゼロ記号のようなものであって、文字とは認めがたく、結局のところ一画が最少画数の文字ということになる。従って、今後戸籍に読み仮名欄が設けられたときには、黙字を含む名であっても何らかの仮名を記入する必要がある。

それでは、一画の字にはどのようなものがあるだろう。

日本の人名には、「一」（イチ、はじめ等）、「乙」（おと、きのと等）、「丶」（チュ、しるす等。「主」の上部でもあった）、「丨」（すすむ等。『説文解字』の記述に従って下から書く人もいる）が用いられたという記録や伝承がけっこうある。前に述べたように、「丨一」（たていち）という名だが、横書きでは「一一」になるという人が親戚のおじさんに北関東にいると、ゼミの学生から聞いたこともある。

いわゆる教育ママの中には、学校のテストで子供が最初に名前を書くときに時間が掛かってしまって不利になるということが起こらないようにと、簡単な「一《はじめ》」と名付ける人がいると報じられたことがある。「はじめ！」という声とともに、名字と名の横線をサッと書いて、すぐに問題に取りかかれるというわけだ。

そのことを東京大学で講義をした際に話してみた。すると、最難関の入試を突破した東大生たちの反応は冷ややかで、「ばかばかしい」、さらには「名前を書きながら精神を統一する」ものであり、「そんなわずかな時間で、解答時間が足りなくなるようではダメだ」とのことだった。

ともあれ、実力を測るための試験で生じるこうしたことによる不公平をなくそうとするならば、すべての教員は、試験開始前に氏名を書かせるべきである。

なお、「一」と書いて「にのまえ」、つまり「二の前」と読ませる氏があると様々な媒体に説かれている。当人がテレビに出たそうで、ドラマの登場人物などでもおなじみだが、実在するのかどうかまだ結論が出ないようだ。タクシーに乗ったら運転手がその氏だったと語る人に会ったこともあるが、このメタ言及的な読み方の名字が本名として存在するのかどうか、気に掛かっている。現状では、その証明は住民票などでフリガナがどうなっているのかにかかっている。筆者も委員として参加した法制審議会戸籍法部会での審議を経て、全ての国民の戸籍に読み仮名が付け終えられ、統計が完了したならば、その時点で答えも明らかになるであろう。

画数が一画しかない漢字とされることがあるものに、「〇」もある。この「〇」は中国語辞典や漢和辞典なども、「乙」部に入れるなどして採用することがある。

戦前には、宋代ころからある数字の零としての用法で、女児に「女〇《めれい》」と命名しようとした親がいた。受理を巡って裁判となり、文字であるという国語学者らの証言を応援として得られたものの、この「〇」は文字ではなく記号であるとする判決が大審院かその前の段階で確定した。

他には漢字の草書体、ローマ字などにも一画といえる字があるが、戸籍には使えなくなっている。カタカナやひらがなはもちろんだが、変体仮名にも一画といえそうな字があり、変体仮名を除き、今でも使うことができる。なお、仮名で始まる名、仮名だけの名は多いが、名字にも稀にある。

記号であることが明らかなものには、「ゝ」「ヽ」という仮名用の反復符、「ー」という仮名用の長音符（「〜」「-」（ハイフン）ではない）、「・」（中点、中黒）などの使用が名前などに見られる。この「ゝ」「ヽ」「ー」は、現在でも名では二字目以降での使用が認められている。なお、名の一字目に「ー」や「々」を用いた例があったという話もあるが、使用は認められていない。

かつては「ヽ《しるす》」「△《み》□《よ》一《いち》」「△《み》□《よ》子《こ》」のほか、「〇《れい》子《こ》」「△《み》□《よ》〇《まる》」で終わる十七字にのぼる長い名前も実在したという話も諸書に伝えられている。後者は、九州で、子や孫に、きょうだい揃って珍名を付けた人がいたとのことであるが、実話だったのだろうか。

お名前博士の異名を持った佐久間英氏は、こうした記号の名の話をいくつか追跡し、役所に照会までして、その実在性を否定した。明治期には、戸籍法で、記号と略字が禁止されたのだが、これはそういう名がそれまでに実際にあったことに対して設けられた規定だったのであろう。そして、「正しい日本文字」をという考え方になっている。識字の問題のみならず、名付けに対する様々な態度がかねてよりあったためか、こうした命名や通称の使用が実際に一部で行われ続けていた可能性があり、今後明らかになっていくことだろう。

教育体制や教育を受けさせる意識が不十分な社会状況から、無筆や文盲（蚊虻）などと呼ばれた非識字者がかつては社会に一定の割合を占めた。そこでは、サインの代わりに該当者の指の長さを線や点で記録した文書や、離縁の際に三行半の縦線で文言に替えた文書なども数多く残されている（窪田充見『家族法』など）。よく「名もない人々」というが、もちろん一人一人が名をもっていた。

文芸の世界に目を転じると、詩人の草野心平は「冬眠」と題した詩で、「●」だけを本文とする作品を残した。ダダイズムの詩人などで、そうした記号類、特に印刷物の約物だけを並べた作品がいくつも生み出されていた。戦後に墨象などと呼ばれた前衛書道も、文字性を否定した点画を芸術作品としており、一画なのかと思しい形の一筆書きのものも見受けられる。しかし、これらが名付けに影を落とした形跡はさすがに見当たらない。こうした表現は話法であり、命名とは一線を画していたのである。

十一　おわりに――画数のもつ意味

以上のように、漢字は伝統的に、一という数やスタートなどを意味する「一」をはじめとする一画から、種々の意味をもつ六十四画に至る幅のある体系において、繁簡さまざまな形態を有する文字である。

字書が宗教・思想の影響を受け、九三〇〇余の字数や五四〇という部首数などを決めることは、易の五行思想によるとされ、漢代の許慎の著した『説文解字』に見られることが指摘されている（福田襄之介『中国字書史の研究』　明治書院　一九七九年　一一七〜一三六頁ほか）。そのように数字自体に何らかの別の意味を持たせようとすることは、金代に編まれた『五音類聚四声篇海』の部首数である四四四についても同様の解説がなされているほか、見出し字の数として挙げられている、先掲した五万四三二一字にも見て取ることができよう。福田氏のほか、徐大英「談《改併五音類聚四声篇》」（『辞書研究』三　一九八六年）なども、四四四部首について、三八四爻＋六〇甲子とみている。

そもそも、『大漢和辞典』などでは、六十四画の字の次に画数が多い漢字は、間が十二画も空いた五十二画の字があるにすぎなかった（そこにないビアンビアン麺の字が新しいことはすでに述べた）。

䨻

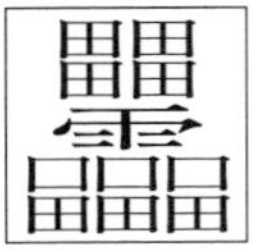

その五十二画の「䨻」という字は、遼代の字書『龍龕手鏡』巻二‐五二ウ、宋代の韻書『広韻』去声、同じく『集韻』（写本　上海古籍出版社影印）去声、字書『類篇』巻一一下‐一一ウ（同影印四二五頁）、黄庭堅の『山谷集（山谷全書）』（内閣文庫蔵版本）、金代の字書『五音類聚四声篇海』巻一四‐一一オ（宋代のものともみられる『俗字背篇』）などに記述されてきた字である。「蒲迸反（切）」つまり音読みはホウ。「雷䨻䨻聲（也）」。「雷聲（也）」。「銃䨻」は蜀語などとされてきた（笹原『画数が夥しい漢字121』）。

これを、「雷」を「田」「回」を複数重ねた異体字に替えて、四つとも代入する一〇〇画を超えると称するものがネット上に出回っているが、近年の遊戯か誤解に基づくものに過ぎない。

また、朝鮮本系『龍龕手鑑』巻三‐二一オには、「」があるが、これは、「古文今増」とあるのみで、「𤳳」の重文のような扱いとなっている。『中華字海』一〇四五頁では、やはり「朝鮮本龍龕」からこの字を引き、「同雷」と判断している。

このように五〇画台の漢字は、『康熙字典』『大漢和辞典』『漢語大字典』『中華字海』等においては、この二字だけであり、あとは四〇画台の字となる。

他の字書類を見ても、『五音類聚四声篇海』巻八‐四ウに『龍龕』からかとみら

れる「」という「音風字」で五十五画ないし五十六画の字が見られる程度である。これは朝鮮本系『龍龕手鑑』巻二−五六ウでは「炏」の部分がなく四十八画の字である。「今増」という印しがあり、「風」の重文とされている。

なお、この点から見ると、『五音類聚四声篇海』と朝鮮本系『龍龕手鑑』の先後関係が気になる（前述）。『康熙字典』「備考」と『大漢和辞典』では、『五音篇海』から下半分の部分を、「羽」の旧字体「羽」にさらに「才」を加えたものと「流」とで作っており、四十六画の形となっている。他にも類似する形がいくつか見つかり、いずれが正字体とも判然としない。

ともあれ以上のように、五十画代の字は二字、不確かなものを加えても三字ほどにとどまるのに対して、折れ線グラフか棒グラフを書くと、十五画前後を頂点とする裾野が最後の六十四画の所で乱れることから分かるように、六十四画の字が突出して存在し、さらにそこにビアンビアン麺の元となった字を加えればそこに三字もあるように集中的に分布している。そこには何か背景があると思われる。

日本の地では、六十四画の壁をあえなく突破できたことには、何らかの原因があるのであろう。そもそも「」「」は、少なくとも伝統的な儒教の経典に現れた字ではなかった。むしろ『五音類聚四声篇海』という宗教色特に道教色の濃い字書に

☵

初めて載ったものである。そしてその字書は初期の画引き字書であった。つまりそこで画数というものを強く意識し注目する機会が生じたのである。

六十四という数をもう一度考えてみると、易の六十四卦と一致する。言い換えると偶数最大の数である八をさらに八で掛けたもので、八卦のなかでは一（⚊という図像）に始まって六十四は最大の数なのである。そして八卦は、漢字の創作に先立つものとされつつ漢字と併称されてきた、漢字と対としてとらえうる存在である。

漢字と卦は、ともに直線的な形態であり、かつその組み合わせによって新たな形を生み、万物を表す意味をもっているという共通性をもつ。筮卜《ぜいぼく》や拆字《たくじ》など、ともに占いにも活用されたうえ、「水」のように、「☵」という八卦の形から生じたと唱えられたことのある漢字もある。「爻」の字源説にも卦を象ったというものもあった。さらに、「一」「二」「三」の字と卦との関連を説くものもあった（楊五銘『文字学』湖南人民出版社　一九八六年　三七頁）。

卦は、そもそも漢字を作ったという伝承も持つ伏犠《ふっき》の作とされ、陰陽を表しているために漢字でいえば指事性を帯びている。これらが、漢字が作製された当初から一貫して存在してきた見方であるとは言えないが、実際に『龍龕手鏡』雑部巻四‐九ウ等においては、

三　新蔵作䷀字　䷀音乾坤二字周易卦名二

のように仏典に用いられた八卦のいくつかをあたかも漢字のように登録し、説明しているのである。

福田の説くように、卦を作った伏犠は、蒼（倉）頡とともに字を創ったものとしても扱われてきており、また「篆」という字が易の「彖《たん》」を含んでいるなど、八卦は「一種の文字」として見られることがあった。漢字が『説文解字』で「一」に始まることも、「六書」の説明で指事文字を象形文字に先立たせて説くことも、易の卦の思想と通じるところがないだろうか。そして画引き字書にまでそうした意識が継承され、『五音類聚四声篇海』に至り画数への自覚が一層高まり、引用書に基づきながら一画から六十四画までの字をついに掲載したのであろう。

中野美代子は、『中国の青い鳥』一三五頁「空白論」や『大漢和辞典を読む』（大修館書店、一九八六年）「漢字の神話学―文字空間としての―」一七六頁において「𪚥」は空間の空白を埋めるに作られたものであるかのごとく述べる。しかし、それだけではなく、実は過去の中国では漢字というものは卦と同じく一から六十四までの中の世界に収まり、その中を充足させるものとなっていたと考えられないだろうか。六十三画等、字のない画数があることは、すべての画数を埋めておこうとしたわけではないことを意味する。十五画等は数千字種もあるように、均等に一画に一字ずつを割り振ろうとしたものではないのであり、六十四という数は、その限度としての最大値を示す役割を果たす使命を担わされていたと考えるのが妥当であろう。

日本においてはそういう思想的な背景が稀薄であった。そうした束縛を意識することのない日本の人々は、六十四画の字を人名のような他の固有名詞などに転用することにも、六十四画の壁を突破することにも抵抗を示さなかったのであろう。八十四画の名字・名前という話も、さらなる文字遊びの産物も、そうした自由の中で楽しまれたものと位置付けられよう。

しかし日本では画数というものに別の形で意味を見いだそうとしている。それは姓名判断なるものである。江戸時代に名の発音に替わり、画数によって吉凶を占うものが現れた（漢検「名付けの『へぇ〜』展」二〇一九年）。漢字や中国に対する神秘感や文字霊思想などが土壌にあった。明治期には、また別に画数による占いが興った。昭和に入ると、熊崎健翁が、易の思想を敷衍し、そこに神道の要素まで含ませて改めて、雑誌や書籍というメディアに載せて庶民に流行させた（岡田誠「熊崎式姓名判断の源流」『人体科学』三二-一　二〇二三年など）。

やがてこれは、漢字の本家である中国や韓国に輸入され、そこでも由緒あるもの、歴史をもつものとして扱われることが起きている。日本では名付けの際に、多くの人々によって強く意識されるようになっている。そこでは、根拠は不明確だが、統計という説明まで付与されることがある。

姓名の画数、それも一般の人では知り得ない篆書を楷書化したような字体をも一部導入した計算法により、命名に用いられた漢字の画数によって子の運命が決まるものと述べて、それによって字を選択し、ときには一画多い異体字や一画少ない異体字を利用させ、なければ字体を創作させてまで、画数を改めることが推奨されることとさえあり、実際に行われている。信仰や神秘的な思想は、隠れているものに意味を見出だそうとする。日本で何かの形に意味を見出し、また与えようとする見立ての文化、さらには自然崇拝やアニミズムと合わせて理解する必要があると思われる。

以上のように、中国において、漢字の形態のもつ数値に対して意味を見出して六十四画の字が生まれたのも、日本でそれを超えることができたのも、実にそうした信仰に関わる思想によるものであったと考えられるのである。

第四節　「神」と書いて「アホ」と読ませる氏と名は実在したか？

一　はじめに

日本では、もとは音読みしかない漢字に対して、字義によって主に和語で訓読みが施されてきた。漢字の字義に沿うものばかりではなく、少しずれたものも早くから与えられたのは、中国語と固有の和語とがそもそも異なる言語であったのだから当然である。

さらに漢字から新たな字義が派生し、時には創作されることもあった。いわゆる国訓である。そうした字義や訓読み、あるいはそれらの創作から、新たに名乗りに用いる読み方まで生み出されてきた。それが「名乗り訓」と呼ばれるものである（国立国会図書館のサイトに、簡にして要を得た説明がある。一般的な訓読みも一部含まれている）。

「訓」というからにはある程度の定着が条件となるという立場もあるが、一例しかなくとも名乗り訓として辞書に採用されることもあった。一例だけでもその読み方を名にもつ人は有名人になる可能性を秘めており、またそれにあやかる人たちが現れることは歴史の教えるところである。

Ｘ（旧Ｔｗｉｔｔｅｒ）で、『大漢和辞典』の「神」の「名乗」欄に「アホ」とあるとの指摘があった。同じ人によって数年前から三回もアップされている。インターネット上の「５ちゃんねる」では、「神」と書いて「アホ」と読ませるものがあり、それは姓だ、と述べる書き込みもあった。

「神」と書いて「あほ」。この読みの意図は何だろうか。崇高とされる「神」と、それとは異質な、卑近すぎる「あほ」という単語が組み合わさったこの「名乗り」は一体何なのだろうか。最高にして絶対の威厳を地下にまで貶めかねないこの読みの背景には、「神は死んだ」と述べる哲学や吉野せい『洟を垂らした神』のような文学作品と通じる見方や価値観があったのだろうか。

権威のあるとされる辞典に典拠を持つ名乗り訓であっても、これを根拠に名付けを行うならば、字面はともかくその読みが関西起源の方言として捉えられ、子らの人権に関わる事態が生じることは避けがたく、権利乱用の法理、公序良俗の法理に反するものと認められる可能性があろう。そもそも子の幸せを願う者として不謹慎ではないかと言わざるを得ない。

日本国憲法では、思想信条や信教に自由が認められている一方で、表現の自由も認められている。名では実際に、「原爆」、「水爆」と名付けられた双子の兄弟が二

○歳になったので揃って改名したと写真週刊誌に写真付きで報道されていたのを見たことがある。また霊能力者の娘たちで「幽」「霊」の字を含む名を付けられた姉妹もいると、その知人から聞いたこともある。

公共の福祉などから命名に一定の制限が加えられることは言うまでもない。崇高な神を揶揄、冒涜することへの嫌悪感を抱く人もいるに違いない。たとえ「神を名乗る身の程知らずのアホ」という解釈であっても、名付けられた当人が気の毒であろう。

信仰とは無関係に、「あほ」は「阿呆」と書き、アホウとも読まれる。関西では、親しみや愛情を込めた褒め言葉、それも最上級の賛美と説明する人もいる。WEB上では「信じる者」と書いて「儲」という拆字の方法による文言が散見される。「神」にも「アホ」にもいろいろあると考えた人たちによって、それらに主観的にプラスとマイナスの判断が与えられてきたようである。

この事実が気になるのであれば、その辞典、それも日本で最も権威ある漢和辞典とされる『大漢和辞典』に掲載されたその先に、一体何があったのかを尋ねてみたくならないだろうか。

まだ誰も調査していないようなので、どこまで遡れるか試みてみる。

二　『大漢和辞典』の状況

諸橋轍次著『大漢和辞典』（大修館書店、初版　巻一は一九四三年）は、経済産業省のＪＩＳ漢字のほか、法務省の「戸籍統一文字」などでも重要な典拠として扱われている。

その修訂第二版においては、巻八‐四四四頁に立項された「神」という項目に、「名乗」の欄があり、そこには確かに「アホ」と一つだけ、名乗り訓が提示されている。

漢字は、現実にあらゆる人間の活動と関わるようになっており、簡単に図式化するだけでも左記のようになる。この不思議な名乗り訓は、漢字の用途、目的や根拠に関する左図の五つの主要なカテゴリーのうちで所属が判然としない。むろん名乗りに遊戯性を優先すべきではなかろう。

信仰
学問　実用　遊戯
芸術

「アホ」という読み方は、どこから来たもので、そもそも姓なのか名なのか、あるいは両方にあったのだろうか？

なお、この辞典は日本はもちろん、中国や台湾、韓国でも利用者が多く、編著者の諸橋轍次博士は、この編著の功績で文化勲章を受章した。昭和の戦後期に皇族の命名に関する勘申に際しても、みずから参照することもあったようである。

三　名乗り辞典の類を見る

漢字の読み方には、前述のとおり名乗り訓と呼ばれるものがある。名前に使う字に用いる読みのことで、一般的な訓読みを含むが、かなり独特な読み方もある。「和」の「かず」は慣れてしまっているだろうが、名乗り訓の後者の代表格である。頼朝の「朝」の「とも」も同様だ。これらの読み方の由来をめぐっては、江戸時代から漢学者である荻生徂徠や国学者の本居宣長らを悩ませてきた。近年までの学者たちをもってしても、いまだに確定的な正解が見つかっていない。

名乗り訓には、中世より、公家の世界では「公家読み」と呼ばれる独自のものが生じ、武家には「武家読み」まで生まれた。名乗りの「公」を公家は「きん」、武家は「きみ」（訓読みとして一般的だった）と読むなど、それぞれの社会の独自性を誇るものでもあり、有職読み、故実読みの一種とみることもできよう。御名においても同様で、例えば「徳」を「なる」と読ませる名乗り訓の根拠さえ、必ずしも明確となってはいない。

そうした名乗り訓を一つの部門に集めた辞書は、早く平安時代に現れ、さらに専門の書籍が中世から編まれ始めた。江戸時代にはそればかりを専門として編纂した本まで出版されるようになった。市井にそうした需要の強くあることは、今も昔も変わらなかったのである。

まず、そうした辞書や専門書、そして名乗り字引の類に、「神」と書いて「あほ」と読ませる例が示されていたものかどうかを確かめておこう。

江戸時代に実用書などいくつものベストセラーを世に送った読本作家の高井蘭山が編み、工藤寒斎が増補して明治初（一八六八）年に刊行した『名乗字引』（早稲田大学図書館蔵）には、「龍」を「品」のように三つも書いて「ユキ」という名乗り訓を載せていることはすでに記した（一九九頁参照）。その一方で「神」は十画の位置に、この字そのものが掲げられていない。この項の同類の書籍をいくらひもといても、「神」と書いて「あほ」という例を見つけることはできない。

『漢字講座』全一〇巻（明治書院）や『漢字百科大辞典』（同）には、筆者の知人である研究者たちがまとめた名乗り字の一覧表が収められている。しかし、そこにも、「あほ」と読ませる「神」などは載せられていない。

これらに収録されなかった理由は、実は「神（あほ）」は、下の名前ではなかっためであった。

改めて『大漢和辞典』の凡例を確かめると、
名乗の項に於ては、我が国の人名に用ひられる特殊の訓を列挙した。

としか説明が記されていない。

この漢和辞典には、先行する様々な漢和辞典を利用していることが陰に陽に示されている。例えば日本製漢字である国字は、しばしば大正時代の字典を用いていることが、字種や解説などから伺える。

同時代の『中華大字典』や『辞源』（『続辞源』とあるのはその続編のこと）『辞海』あたりまでは中国の辞典なので書名を明記することが多いものの、同じ日本の先行辞典となると、なかなか書名を出しにくいという出版界での事情もあったのであろう。

四　『大字典』をひもとく

『大漢和辞典』を編纂する際に、一つの資料として利用した先行辞書として知られるものに栄田猛猪が編んだ『大字典』がある。これは、大正時代の一九一七年に、啓成社によって刊行されたものである。これは、栄田が日本の古今の字種や字体、用法、熟語などを幅広く積極的に採用した画期的な漢和辞典であった。編者には、著名であった上田万年らの名も借りている。

その初版を見ると、「神」という項目（親文字）の解説に、

名乗　アホ（姓）

とあった。

『大漢和辞典』に転記される際には、一律に「（姓）」の部分を消してしまう方針が立てられていたのだろう。そのために、これが「姓」だという情報が紙面から消滅してしまい、単に「名乗」のみとなってしまったわけである。この継承の際に滅失した情報は大きいものだった。

「神（アホ）」が姓だということで、次なる疑問として、それでは『大字典』のこの「アホ」という姓の読み方は、どこから来たのだろうか。

『大字典』の凡例を見ていくと、六頁に「名乗」に用いたものは、『節用集』『和名抄』以下、『雲上明鑑』『姓名録抄』『姓氏鑑』などに続けて『難訓辞典』『名乗字引』等、と明記してあった。『和名抄』には姓氏を掲げていないし、見慣れているために改めて当たるまでもない。その他の書籍について、逐一原典に当たって調べていくことにした。

すると、その中の一点である『難訓辞典』の中に重要な記載があることが判明し

た。

五　『難訓辞典』に遡る

大正期の『大字典』にある「神（アホ）」に関する記載について、その原典の確認の一環として、同じ啓成社から、明治時代の一九〇七年に刊行された井上頼圀、高山昇、菟田茂丸編『難訓辞典』を見てみた。

すると、この「神」（あほ）姓に関して、詳しい説明まで掲載されていることが判明した。『大漢和辞典』は、直接これを用いた可能性もある。『大字典』は、これを引き写して、簡易な表示に変えたのであろう。

その二五四頁には、「神　アホ　姓氏。直姓、神魂命八世の孫、天津麻良命の後なり」と解説されている。出所は『姓抄』となっている。これは出典の略称であるとのことで、凡例五頁に『姓名録抄』のことと明示されていた。明治四〇年において、本文の記述に対し、読者に検証の機を与えようとするこうした記述と編集の姿勢は敬服すべきことである。

編者の井上頼圀は、国学者で、天保年間の一八三九年に生まれ、多くの著述を成して一九一四年に亡くなった。同じく高山昇は一八六四年に生まれ、官幣大社稲荷神社（現在の伏見稲荷大社）の宮司を務め、一九五〇年に亡くなった。同じく菟田《うだ》茂丸《いかしまろ》は、維新後の一八七二年に生まれ、橿原神宮の第七代及び第一一代宮司を務め、一九六八年に亡くなった。

ただし彼らのような重職に就く人物が本当に一冊分の原稿の執筆に当たったのかどうかは、今となっては定かでない。

この『難訓辞典』の記載をおそらく孫引き的に利用していたと考えられる昭和期の諸橋轍次編著『大漢和辞典』では、前述の通り「姓（氏）」というマーク・文字が消されてしまっていた。そのために、「神」が下の名前に使われてきたのかと思い込んで、この権威があるとされ、日本最大の規模を誇る漢和辞典を典拠に、自身の何らかの信仰や思想信条に従って、この字で「あほ」と読ませて子に名付けた人が、もしかしたら現れていたのかもしれない。

なお、この「神　アホ」は、この継承のルートとは別の筋でも、伝承が起こっていた。

『貯金談』（一九一二年）や『詭弁と其研究』（内外出版、一九二二年）の著者であり、同志社大学の教授となった荒木良造は、『難訓辞典』（これと戦後の同名の本）や『大字典』などを利用して、『名乗辞典』（東京堂、一九五九年）を編纂し、上梓したことはすでに述べた。

荒木は、『大漢和辞典』のうち当時利用できた巻六までのそれと併せて、『大字典』の「名乗」に対し、疑いの念を呈していた。それでも、そこに収める「難訓姓氏辞典」（いま一九九〇年第二八版に依る）二八三頁には、

神　アホ、ミワ

と、「アホ」も載せていた。

荒木は、戦前の一九二九年に上梓した『姓名の研究』（麻田文明堂）という力作の段階においても、その中の「難訓姓氏辞典」四四三頁に、「神　アホ」とすでに収載していた。

そこに出典名はなかったものの、この本には、先に考証した「上沼田下沼田沼田」（一二七頁参照）が掲載されているほか、新聞、雑誌など様々な資料が典拠として活用されており、ふだん情報収集にいそしみ、しっかりと分類整理をし、原稿を刊行まで持っていくために努力を惜しまなかった荒木の習慣と態度が垣間見える。

ＮＴＴがまだ分割されておらず、しかもケータイが普及していなかった当時の電話帳に載っていた四〇〇〇万件ほどの大量のデータをもとに編纂された『ＪＩＳ漢字字典』には、「神」と書いて「アホ」は載っていない。なお、そのデータに対応する外字リストもあって、そこには六〇〇〇種余りの外字が収められていた。なお、

そのすべてが氏名での使用が確認できなかったのは、何かの理由から作っただけ、入れただけの字があったことのほか、様々な理由で契約が完了した氏名、さらに「タウンページ」においてのみ店名や社名などで用いられた字が含まれていたためであろう。外字は、契約者が少なかった電電公社時代には、その倍以上あったそうだが、字種の制約を受けなかった時代の命名によるもののほか、字形の微差や、地域による設計の違いも反映していたらしい。

その字典にないということは、同字典の採用基準から考えて、実際に名として存在したとしても五例以下だったことになる。筆者も、この辞典の編纂作業（特に小地名について）に深く関わったのだが、そもそもＮＴＴ電話帳の「ハローページ」自体に出現していなかったためかと思われる。

かつて名字研究者として各種のメディアを通じて名を馳せた丹羽基二は、「アホ」「アオ」を、青々として広大なもの、または仰ぐものからの転称と見たという（https://folklore2017.com/a016.htm）。丹羽氏は多くの名字を集め、種々の著作や辞典も遺されたが、出典や根拠がはっきりしない「姓」や説が散見されることが惜しまれる。問答体による記載を得意としたが、そこには事実とも伝聞とも想像とも第三者には判断しがたい言及が多い。ことに晩年には、先に述べた「たいと」に関する記憶も曖昧になっていたのだろうか、新情報を得たという記載はないのに、字形も情報も尾鰭が付いたように見えかねない、また以前とは異なっている内容を複数の媒体に記録している。

丹羽基二の『日本姓氏大辞典』（角川書店、一九八五年）には、

神　アホ　地・佳

と注記のマークを付けて採録している。このように、丹羽氏はこの奇妙な姓の存在を把握していた。先に引いた『大字典』が一九一七年初版なので、丹羽氏はこの字典か、それでなければ何らかの別の資料から「神　アホ」の類を見つけて説明を付けようとしたのだろう。

丹羽基二は、他にも例えば『難読姓氏・地名大事典　コンパクト版』（新人物往来社、二〇〇六年）には、「阿保・安保（あほ・あぼ）」に、③（この数字の意味するところについては凡例にない）として「神」を掲げている（二七頁。なお、この本の続編には記載がない）。

こうして、「神　あほ」に関連して、「阿保・安保」という別の姓が現れた。

日本語は、音素の種類が少ないうえに、上代以降、大きな音韻変化が起こり、また音便や連声、さらに語ごとに個別の発音の変化が多発したため、個々の語の語源

や語形の精密な変遷の探究は困難を極めることがある。また、姓となると、個々の家の事情が関わってくる。

そこで、少し遡って太田亮が編んだ『姓氏家系大辞典』（国民社、一九四二〜一九四四年）を開いてみる。しかし、「神　あほ」に関連する記述は「阿保」「英保」「安保」（アホ、アオ）、「神」（カミ、シン）などに見つけることができない。

この種の辞典は、世に一定の需要があったようで、しばしば企画され、世にその後も数種類が刊行されている。それらを確認していくと、千葉琢穂『新編日本姓氏辞典』（展望社、一九九七年）五五頁に、以下の解説があった。

安保　あほ　藤原氏北家伊周流有道氏族児玉党、武蔵国児玉郡安保邑発祥。

阿呆　あほ　地名姓。伊賀の氏族は阿保公の裔という。

「あほ」と読むような地名や姓自体はあったということで、そこから武蔵や伊賀で漢字二字で記す姓が派生したということのようだ。

六　『姓名録抄』を見る

このように、昭和から令和の『大漢和辞典』（昭和版から電子版まで）、大正の『大字典』、明治の『難訓辞典』という細い系譜を見出し、遡行していった。

「天津麻良命の後なり」という妖しげな記述までは戻れたものの、何か先人のミスか罠のようなものが感じられ、これ以上遡ることができるのかどうか怪しく思われるようになってきた。

ただし、『難訓辞典』は、『姓名録抄』という書籍と引いているとのことである。

昭和から大正、明治と遡ってきて、いよいよ近世に分け入っていく。

江戸期においては、名前に対する関心が高まったようで、種々の記述がなされ、残されている。

例えば、『譬喩尽《たとえづくし》』（龍谷大学蔵写本）には、次のような項目がある。

　其《それがし》作《さく》珍敷《めづらしき》名《な》を集《あつ》め新芝居《しんしばゐ》をもくろみし写《うつ》し　再出

釈迦牟尼仏《にぐるべ》

四月朔日《わたぬき》

八月朔日《ほづみ》

大仏《おさらぎ》

一口《いもあらひ》

この当時から、創作に珍名が用いられていた。現代の「小鳥遊《たかなし》」「西園寺」などが多用される流行の走りといえよう。

江戸時代の安政年間に編纂された『諸向地面取調書』には、江戸の武家屋敷に暮

らす人々の名が数多く収められている。その中には、

太田大太郎

のように「大」とそれを縦に二つ重ねた字からできた異体字「太」が過半数を占める名、さらに、

太田太田太

という、上から読んでも下から読んでも「オオタタデンタ」だったとされる名を持つ幕臣が収められていた。

「原野冷助《ハラノヒエスケ》」という実在したことが比較的よく知られている幕臣も載っており、珍名のすべてが誤伝や作り話であったわけではないことが分かる。

先の『難訓辞典』には、「神　アホ　姓氏。直姓、神魂命八世の孫、天津麻良命の後なり」とあったが、まず、「神魂命」はどういう神であるのか。こちらは、『出雲国風土記』に記される神で、『古事記』では「神産巣日神」、『日本書紀』では「神皇産霊尊」と表記されるカミムスビ（カミムスヒ、カムムスビ）である。別天津神・造化三神のうちの一柱ということで、日本神話の神の中でも最初期の神とされるものだ。『古事記』においては、少名毘古那《すくなびこな》神は、この神産巣日神の子である。

ここで『難訓辞典』が出典として挙げていた『姓名録抄』を見ていこう。明治末

期の薄灯りの下、編者はどこの机上で、どのテキストを見たのだろうか。

大和文華館が所蔵する慶応戊辰すなわち戊辰戦争で明治に切り替わる直前の写本には、「直《アタヒ》」の中に「神」姓はない。「雑」の部に「神」や「人」という「姓」はあるが、振り仮名を欠いている。

肥前島原松平文庫が所蔵する『姓名録抄』の写本でも、「宿禰（祢）」に「神」、「真神《マカミ》」としかない。「朝臣」に「阿保《アモ》」はあるが、「直」に「神」はない。

茨城大学附属図書館の菅文庫が所蔵する写本（茨城大写本）でも、「直」にはやはり「神」がない。

塙保己一が編んだ「群書類従」に収められた『姓名録抄』のテキストでも、「神」とあるのみで、そこに読み仮名は付されていない。

同じく「群書類従」に収められた『諱訓抄』を併せて見るが、「阿保《アホ》」親王が見つかるくらいである。

『姓名録抄』には、宮内庁書陵部が所蔵する塙家献納の「続群書類従」第三十一輯下雑部　巻九二六）に収めるものもある。そこでも、「宿禰」に「神」はない。「神田」「神服　カンハトリ」が見られるくらいである。

同じ宮内庁書陵部が所蔵する『姓戸録　名字抄』には、「宿禰」に「神」「真神」

はあるが、読み仮名はない。

鎌倉時代から南北朝時代の公卿である洞院公賢が編んだ百科事典『拾芥抄』（拾芥略要抄　国立国会図書館蔵版本）も見てみるが、「直」にはないほか、「カ」に「神」「上」があるくらいである。

このように『姓名録抄』やその周辺の書物には、アホと読みのある「神」は見当たらない。『難訓辞典』の引用に誤植ないし混線が生じていたのだろうか。

七　江戸時代の「神（あほ）」

前述のとおり『大字典』が凡例六頁で「名乗」に引いたとする文献について、『節用集』『和名抄』『名乗字引』は主なテキストはすでに見ていたので除いて、インターネット上で他の本をザッと見てみた。書名の後に「等に依るものなり」というので、他にもあったのかもしれないが、その中の『難訓辞典』には確かに「神《アホ》」は存在していた。

しかし、そこにも引かれていた『姓名録抄』には、それが見当たらない。テキストにより本文がかなり異なっていることと関連しそうだ。

「神《アホ》」は、あるいは「襖《アオ》」の崩れかとも疑い始め、謎があると知人に話してみたところ、『姓名録抄』の先ほど記した茨城大学菅文庫蔵写本の、「宿祢」を見たら、

「神《アホ》」とあったと知らせてくれた。その画像を見ると、確かにそこに「神《アホ》」が存在していた。安永七年に伊豫上座法眼が「写之」とあるテキストだ。

一方、大和文華蔵写本の画像にある「祢《ママ》」では、「神　カミ」と記されていた。なお、書陵部蔵『姓戸録』の「宿祢」や、『姓氏録抄』（肥前松平文庫蔵）には「神」はあるが、そこに振り仮名がなかった。

カタカナの「ア」と「カ」には字形の類似する書き癖も見られるが、先の茨城大写本では確かに「アホ」となっている。同書に設けられた「雑」の項にも「神」が載るが、そこには読み仮名がない。

ともあれ、これで近世まで遡ることができた。『難訓辞典』の編者は、『姓名録抄』の茨城大写本かそれと同じ本文をもつ何らかの写本を目にして、それを引用していたのだろう。そして、そこに注記を加えるに当たって、関連しそうな姓氏に関する蘊蓄を、その由来として書き添えたのではなかろうか。

次なる新たな疑問が浮かぶ。それではこの『姓名録抄』が何に基づいて、この姓を収めたのだろうか。念のため、先の書籍に加えて、鎌倉時代初期に成立したとされ、姓や名を載せる百科事典『二中歴』（国会図書館蔵写本）を眺めてみたが、「神」という姓自体が載せられていなかった。

さて、『大字典』を引き継ぎ、平成に補訂を加えて刊行された『新大字典』（講談社、一九九三年）を見ると、「名乗」に「あほ（姓）」と受け継がれている。ここでは、きちんと「（姓）」という表示が残されていたことに感心させられた。

ここで江戸時代の文献をさらに確かめておく。『和爾雅』（一六九四年刊）の早稲田大学蔵版本を見ると、巻四の姓名門に「諱字《ナノリシ》」（「拾芥抄ニ出タリ」）があり、また「姓氏」には「英保　アホ」とある（「神　アホ」ではない）。

『日本国語大辞典』によれば、一八世紀初めの雑俳や後の滑稽本に、阿呆の意で「あほ」という短縮された語形が出てくるので、「神《アホ》」はそのような意味だと思う人がその頃にはいたと思われる。

念のため、平安時代の国語辞典『色葉字類抄』（前田本、黒川本）巻下も開いておこう。「あ」にある「姓氏」には「阿保　アホ」としかない。それを受け継いだ『伊呂波字類抄』（大東急文庫本　汲古書院、学習院本、正宗本など）巻八も同様である。

同じ平安時代でもそれより早くに編纂された『新撰姓氏録』も確かめておく。『新撰姓氏録の研究』（『田中卓著作集』九　一九九六年）には索引が設けられているが、そこでは「神　アホ」は見つからない。

同書五二五頁、巻二〇には、「和泉国神別」があり、そこに「大庭造　神魂命八世孫、天津麻良命之後也。」とあった。その次に「神直　同神五世孫、生玉兄日子命之後」と続く（この「孫」を欠く本もあるという）。

天津麻羅（あまつまら）は、日本神話に登場する鍛冶の神である。『古事記』にのみ登場し、『日本書紀』には登場しない。「神」「命」などの神号は付けられていない。

この辺りが、「神　アホ」が「天津麻良命の後」という『難訓辞典』に現れた記述の根源ではないだろうか。つまり、事実関係に混線が加わってしまっていたことが見えてきた。

明治期に、こうしたテキストでアホという読み仮名が付された「神」を見て、自身の編纂する辞書に、その出自に関する解釈を加えつつ（あるいは何らかの原本を写して）、しかと収めたのであろう。

八　おわりに

これにより、昭和、大正、明治、江戸と、「神《アホ》」について各時代を細い線で遡ることができた。その先には、古人の推測か事実に対する記憶違いが起きていたことが伺えた。しかし、いつ、誰がといったその詳細はすでに杳《よう》として分からなくなっていた。

国語学者の池上禎造は、『漢語研究の構想』（岩波書店、一九八四年）などで、誤って定着した可能性のある名乗り訓について指摘している。由来を辿っていくと、誤写が継承されて定着することが案外、少なくなかったのである。

稿本で誤記はしばしば生じるが、写本を作る、特に奈良、平安朝の『万葉集』のように崩し字で写本を作るとなると、誤写が頻発することは免れなかった。その後も、巻末に「一字不違」（一字を（も）違えず）に写したと、ことさらに書いているのは、そういうコピー機も写真機もなかった時代に発生する変化の実情を反映した定型文だったとも言える。

このように、辞典にある名乗り訓だからといって、無条件に受け入れることの二重三重の危うさを、「神《アホ》」は私たちに教えてくれるのであった。

【参考文献】

アジア経済研究所企画、松本脩作・大岩川嫩編『第三世界の姓名　人と名前と文化』　明石書店　一九九四
太田　亮『姓氏家系大辞典』　国民社　一九四二～一九四四
奥富敬之『名字の歴史学』　講談社学術文庫　二〇一九
木村健助「氏名の制度―明治以降の變遷について」『関西大学法学論集』特輯　一八五～一九五五頁　一九五五
佐久間英『珍姓奇名』　ハヤカワ文庫　一九八一
笹原宏之『方言漢字』　角川ソフィア文庫　二〇二〇
笹原宏之『方言漢字辞典』　研究社　二〇二三
笹原宏之『日本の漢字』　岩波新書　二〇〇六
笹原宏之『謎の漢字』　中公新書　二〇一七
笹原宏之『画数が夥しい漢字121』　大修館書店　二〇二三
笹原宏之『漢字ハカセ、研究者になる』　岩波ジュニア新書　二〇二二
笹原宏之『国字の位相と展開』　三省堂　二〇〇七
島村修治『外国人の姓名』　帝国地方行政学会　一九七一
島村修治『世界の姓名』　講談社　一九七七
丹羽基二『姓氏の語源』　角川書店　一九八一

終わりに

ここまで、姓と名について、他の本にはあまり書かれていない内容を中心に書き記してきました。

全く知られていないことについては、姓名の周辺に位置することについても、調査して判明したことを、特に詳しく説明しておきました。

この一冊の中には、大変でしたが、あれこれと調べてみることによって初めて明らかになった真実を、できるだけたくさん書き記してみました。怪しげな情報よりも、真相のほうが本物だけがもつ面白さと輝きがあると信じるためです。

初出は、以下の通りです。いずれにも本書のために大幅に加筆し、最新の内容に改めました。

第一章　書き下ろし（講演会の内容から　二〇二〇年三月）
第二章　大修館書店サイトの連載（二〇一九年四月一日～四月一〇日）
第三章　「戸籍」誌（二〇二〇年五月～二〇二三年四月）の連載

それぞれの場面で、そして本書の刊行に至るまで、編集作業などでお世話になった方々に厚く御礼申し上げます。台湾からの留学生の王詠心さんには、特に最新の情報を集めて頂きました。

また、本書の各章に記した文献やお名前を挙げさせていただいた方々（原則として敬称は略させて頂きました）だけでなく、多くの資料やたくさんの方々に教えて頂いたことがありました。併せて心より感謝申し上げます。

日本は、名前だけでなく文字やことばでも、古くから中国大陸や朝鮮半島の影響を受けてきました。後には欧米などからも、それらをどんどん採り入れてきました。外来の文化を巧みに採り入れて消化吸収し、自己の「和」のものにしてしまう日本の人たちの一貫した状況まで、きっと読み取れたことでしょう。

この先も、姓名に関する偽りのない歴史と確かな現在を追い続けていきます。読者の皆さまには、ぜひ姓名に関する新たな情報をお寄せ下さいますようお願い申し上げます。

笹原宏之

二〇二五年二月

◆著者紹介

笹原宏之（ささはら　ひろゆき）

一九六五年、東京都生まれ。早稲田大学社会科学総合学術院教授。専門は言語学（文字・表記論）。博士（文学）。

早稲田大学大学院を修了し、国立国語研究所主任研究官等を経て現職。

日本漢字学会理事、日本語学会・書美術振興会評議員、漢検奨励賞審査員。

金田一京助記念賞、立命館白川静記念東洋文字文化賞、早稲田大学ティーチングアワード受賞。

東京大学・東北大学・北海道大学・お茶の水女子大学・埼玉大学・山口大学・日本女子大学・聖心女子大学などの講師。

『中学国語』（三省堂）、『小学新漢字辞典』（光村教育図書）、『新明解国語辞典』（三省堂）、『日本語学』（明治書院）などの編集委員。

デジタル庁の行政事務標準文字・法務省の人名用漢字・戸籍統一文字・文化庁の常用漢字・経済産業省のＪＩＳ漢字などの委員・幹事。漢検と人名や出題などについての共同研究、ＮＨＫ放送用語、日本医学会用語表記などの制定・改正に携わる。

著書に『国字の位相と展開』『当て字・当て読み漢字表現辞典』（以上、三省堂）、『日本の漢字』『漢字ハカセ、研究者になる』（以上、岩波書店）、『謎の漢字』（中央公論新社）、『画数が夥しい漢字121』（大修館書店）、『方言漢字事典』（研究社）など。

氏名の史実・現実

—世界と日本の名前のはなし—

2025年３月27日　　初版第１刷発行

著　者　　笹　原　宏　之

発行者　　市　倉　　泰

発行所　　株式会社 恒 春 閣

〒114-0001　東京都北区東十条６-６-18
tel. 03-6903-8563・fax. 03-6903-8613
https://www.koshunkaku.jp

ISBN978-4-910899-18-3　　印刷／三省堂印刷株式会社
価格はカバーに表示してあります。

〈検印省略〉

Koshunkaku Co., Ltd.
Printed in Japan

KOSHUNKAKU